ENTRE
OSSOS
AGORA

MAITÊ PROENÇA

ENTRE OSSOS AGORA

1ª edição

EDITORA RECORD
RIO DE JANEIRO • SÃO PAULO
2015

Apresentação [6]

Uma mulher também chora [9]

Miguel Sousa Tavares

Prefácio à primeira edição [12]

Carlos Heitor Cony

1

Assinatura não é tattoo
Será [17] O pai, a mãe e o que mora no meu coração [19]
Papai e a urna [21] Santa Rita de Cássia [24]
Assinatura não é *tattoo* [28]

2

A química dos imponderáveis
Amor da minha vida [33] O amor é brega [35]
Uma carta [37] Cafonice feminina [40] Ciúmes [43]
Um World Trade Center no meu coração [46]
Amor ruim [48] A química dos imponderáveis [49]

3

69
Primeira amante [53] Perdição de linha [55]
69 [57] Peru de Natal [59] Toques de mulher [62]
À caça [64] Por um macho viril [69]

4
Fraturas
Adoro gay [75] Sedução [78] Esquisitices [80]
Bom caimento [82] Papo de copo [84] Fraturas [86]
Queijo Suíço [88] Bumbum [91] Você é *fashion*? [94]
A vida pelos colarinhos [97]

5
Unhas do inconsciente
O tédio ou a puta [103] O ócio [107] Zen em pílulas [109]
E se o chão não rachar [111] Eu acredito em Deus [112]
Unhas do inconsciente [115] Óvulos velhos [118]
Gente boa [122] Mirna [124] Inútil [127]

6
O menino bom
Coliformes [133] Era inveja [136] Dina Sfat [138] A primeira cena [142]
Zé em dois tempos [144] Uns causos [146]
Movimento dos sem-emprego [148] A droga do vício [151]
Calçadão [154] O jogo ou a fome [156] Pouco índio [159]
Primeira impressão [161] Pela hora da morte [164]
O menino bom [167] Elevador [170]
Princesa do mar [173] Na boca da garrafa [176]

7
The end
Do livro que eu talvez jamais publique mas publiquei [183]

Apresen
tação

Não sei por que dei pra escrever. Não sei se alguém sabe por que resolve se exibir assim. No meu caso a coisa é duplamente grave, já que, sendo atriz, meus atributos se encontram escancarados para muito além do desejável. Suponho que a essa altura qualquer carência de atenção que possa ter motivado minhas escolhas já tenha sido amplamente alimentada.

Ou não...

Uma atriz está sempre interpretando o texto de alguém. Ela deve moldar seu corpo ao de uma criatura criada no século passado por um estranho que não a teve como modelo. É assim com os hábitos, trejeitos, sotaque, conceitos, com tudo que forma aquele outro ser. Ela deve pensar o que não pensa e acreditar tão apaixonadamente naquilo que caia em prantos quando outro personagem se opuser a sua visão das coisas. Fora de cena ela dá entrevistas para falar da carreira mas esconde o que lhe vai no espírito — tristezas pessoais, fracassos amorosos, inseguranças com o futuro, incertezas de toda ordem não servem pra vender ingresso para peças de teatro. Momentos de autoconfiança tampouco. Ondas de arrogância, os fugazes instantes em que se acredita nas almas, nos elogios, aquela hora em que a insegurança cede e a atriz respira satisfeita, se enchendo de si, nada disso é bom pra promover o personagem da novela. O ator de sucesso está sempre a um passo da antipatia do público e, assim, busca fazer-se humilde, desprendido, generoso, amável, e por aí vai. Há de se ter atenção pra que não percebam o truque; a sutileza é fundamental. Cria-se um personagem pro filme, mas outro também pra rua, pra festa, pra padaria, pra conversa no botequim. Vai dando uma canseira danada esse negócio de não poder ser. Além disso, todos acham muitas coisas a seu respeito: só se alimenta de quiabos, é uma máquina de fazer sexo, toma pílula pra crescer o queixo, usa drogas ao amanhecer, é exemplo de equilíbrio, um poço de candura... Seja qual for o estereótipo, ai, ai se o pegam fazendo coisas que o contradigam — é seu nome na lama e cem chibatadas na revista de fofoca. Ao ator não são permitidas as contradições.

Então a gente fica assim, entre o prazer do trabalho criativo e os ossos pra mastigar contra a vontade. Não é novidade, toda gente sofre com a incompreensão do mundo, mas o cardápio da pessoa pública é um tanto mais indigesto.

Acontece que fui uma criança teimosa, uma adolescente sem freios e, por tempo demais, uma adulta defendida e agressiva. Hoje, tendo trocado de pele mil vezes, o imprestável em seu devido lugar, uma pitada de clareza aqui, outra lá... gosto da pessoa que virei. Tenho conforto em estar dentro de mim e não arrasto mais correntes por caminhos de pouca luz. Sei lá por que aconteceu dessa maneira e por que um belo dia acordei de bem com minhas circunstâncias. Parece que, enquanto dormi, a vida resolveu se apresentar em síntese, pra que assim, com tudo resumido na minha frente, eu tivesse um entendimento das coisas, e que ao acordar não houvesse o peso das vivências, mas os ensinamentos que elas me trouxeram. Não faço mais esforço pra fluir, sinto vontade de me expressar, tenho muito que dizer, e quero falar com todas as pessoas.

Deve ser por isso que escrevo.

As crônicas das primeiras três edições deste livro foram, quase todas, publicadas na coluna semanal que escrevi para a revista *Época* ao longo de 2003 e 2004. Agora, doze anos mais tarde, mantenho dois terços do antigo volume — mexidos, enxugados, melhorados (ou assim espero, a gente aprende alguma coisa com o exercício) — e acrescento vinte e duas histórias novas para compor este *Entre ossos agora*. São textos criados com objetivos diversos, sob encomenda ou não, para revistas, sites e jornais.

A ordem aqui não é cronológica e alguns assuntos são datados (como diria o Cony, "defeito crônico do gênero crônica"), mas todos refletem minhas considerações sobre o dia a dia e o que nos cerca aqui nesta bola de terra. Algumas reflexões eram verdades de um momento que passou, outras são conceitos que me acompanharão pela vida, e há mentiras também... como numa boa conversa entre amigos.

Uma mulher também chora

Miguel Sousa Tavares

Aprendi neste livro de crónicas da Maitê Proença que as mulheres também choram, não são só os homens. E, como mostra a escrita exposta da Maitê, choram com as coisas normais que fazem chorar os seres humanos: a dor da perda, a saudade, a solidão, o ciúme, o amor, a traição, o abandono.

Oh, que ventania de ar fresco! Eu estava convencido, lendo as crónicas femininas-feministas das nossas cronistas portuguesas, que as mulheres tinham conseguido sublimar definitivamente essas fraquezas da alma e pairar lá no alto, num território etéreo onde não existem vícios nem fraquezas, apenas iogurtes magros, saladas verdes, carreiras profissionais sempre em ascensão e o inigualável prazer de se contemplarem no espelho — horas, dias, anos a fio — e todas essas horas, dias, anos, gostarem do que vêem, sem uma dúvida, sem um estremecimento. Eu estava quase à beira de me deixar ficar convencido pela veemência das nossas cronistas que as mulheres de hoje vivem ao abrigo de enganos e desenganos e, sobretudo, ao abrigo do bicho-homem e das suas miudezas.

Nelas me vi reduzido à simples função de ocasional instrumento de prazer ou de *escort-boy* para fins sociais, a uma luz tão crua e aparentemente tão fria, que nem no tempo do meu bisavô os machos ousavam imaginar assim a função das mulheres. E, aos poucos, fui-me conformando à ideia de que, fora excepcionais situações de pura sorte, o destino ineluctável de ambos os sexos era o de definitivamente se separarem e cada um aprender a viver por si — não apenas fisicamente, mas culturalmente, emocionalmente. Nas minhas piores previsões, antevi os tempos em que a ciência trataria de encontrar uma resposta para este desencontro, inventando um terceiro sexo no qual os outros dois se abasteceriam — para fins sexuais, de procriação ou simplesmente para passar férias ou conversar um pouco, de vez em quando.

Mas olha que, afinal, uma actriz de talento consagrado, uma mulher bonita, inteligente e sensível, me vem dizer, sem pudor nem medo, aquilo em que eu sempre acreditei: que o amor é o verdadeiro motor da história (desculpa lá, Marx!), que toda escrita é sobre amor ou não presta, toda música é sobre amor ou não presta, mesmo toda solidão é por causas de amor ou é inútil, toda vida é em nome do amor ou não faz sentido. E por isso é que, porra!, gritamos, choramos, silenciamos, acordamos felizes ou adormecemos tristes, por isso é que há manhãs limpas ou dias cinzentos, noites de luar ou noites de breu, por isso é que nenhum pôr-do-sol é igual a outro.

A Maitê faz isso, escreve isso, sem cerimónias, sem disfarces, sem embustes. Conta ela, numa das crónicas, que às vezes lhe perguntam se o que escreve sobre si e sobre a sua vida é verdade ou é invenção. A pergunta é insidiosa e estúpida e só dá vontade de dar duas estaladas ao leitor que assim pergunta. Todos os escritores misturam verdade com ficção e toda a ficção é uma forma de verdade mais íntima, mais escondida: para ser descoberta e não para ser devassada. O sal e a pimenta, a luz das crónicas da Maitê, é exactamente esse jogo entre o confessado e o imaginado, entre o que foi e o que podia ter sido, entre a vida que passa e se agarra e aquela que escorrega diante de nós e só a agarramos em pensamento.

Uma crónica é um género literário muito especial, com regras próprias: exige entrega e desprendimento. Entrega quando se escreve, desprendimento quando se acaba e se passa à seguinte. Não existe nelas verdade nem mentira, existe entrega e desprendimento. É nossa e deixa de o ser, depois. Mistura sonhos com realidades, factos com possibilidades, encontros com eternas buscas, amores impossíveis com amores verdadeiros — que são os possíveis. Por isso, não há cronistas verdadeiros e cronistas mentirosos. Há, sim, cronistas sérios e *entertainers* da escrita. Pegamos no livro da Maitê e sabemos, vemos logo, que ela é séria e que o assunto é sério. Não escreve por passatempo mas porque o tempo passa e escrever é o único remédio, o único alívio, a única vingança contra o tempo que escorre.

Aqui, actriz e autora do seu próprio texto, ela resgata, com brio e com paixão, a imagem de mulher sobre a qual gerações de escritores escreveram, compositores cantaram, pintores deslizaram e aos deuses inspiraram. Bem-aventurados os que sentem: os que choram, que sofrem, que têm vícios e fraquezas, dúvidas e não certezas, os que caminham à toa ou aos tropeções, os que buscam a luz no meio da escuridão, os que são honestos com a vida, os que partilham a alegria e o sofrimento, os generosos.

E os que confiam à escrita o que nem às paredes confessam.

Lisboa, agosto de 2005

Prefácio à primeira edição

Carlos Heitor Cony

Pergunta comum feita a escritores:

— Por que você escreve?

Deve-se responder com outras perguntas:

— Escrever o quê?

— Escrever para quê?

Ou com a resposta definitiva:

— Por que não escrever?

Se a pergunta é banal para qualquer um que se aventura no alucinado universo do texto, para Maitê Proença é específica. Por que uma atriz de sucesso, de larga exposição no universo audiovisual, sempre interpretando (ou interpenetrando) textos alheios, decide encarar o próprio texto?

Este livro responde a esta e a muitas perguntas. Tendo uma coluna na revista *Época*, e sendo, como é, uma figura de larga exposição na mídia e na vida pública, em suas crônicas não há referência nem marketing de sua atividade artística. Não seria nada extravagante se aproveitasse o novo espaço, que agora conquistou, para explicações, desabafos e confissões, na interminável viagem em torno ou dentro de seu cenário habitual. Outros o fizeram e fazem.

Eventualmente, ponteando seu dia ou seus compromissos, ela faz breve marcação: "depois de gravar". Como se dissesse: depois do almoço, ou antes de dormir. E todos conhecemos a sua atividade profissional, sendo uma das atrizes mais constantes do cinema, teatro e TV, vestida como a amante de um imperador, ou nua em cima do cavalo, como Lady Godiva e Dona Beija.

Lembro propositadamente os papéis que ela viveu em dois dos três projetos que fiz para TV, num estágio circunstancial e distanciado de minha atividade principal. Ao entrar naquele serpentário, que é o mundo do espetáculo, receava ter problemas com artistas e técnicos cuja autoestima frequentemente exige prioridades e tratamento diferenciado dos demais operários do mesmo empreendimento. Maitê foi para mim uma surpresa, sendo como é uma profissional competente e responsável.

Como protagonista de duas histórias de época, nela admirei a mesma consciência e acabamento que encontro em suas crônicas. Nesta primeira coletânea, ela própria se pergunta por que resolveu escrever, supondo que se trata de uma carência pessoal — quando, na realidade, é o exercício de uma visão do mundo, uma reflexão diante de si mesma.

Escrever é verbo transitivo, pede complemento direto, que em latim exige o acusativo. E Maitê acusa, acusa no sentido de estar presente, e não em termos de libelo, denúncia ou queixa, mas de expressão de seu mar interior.

> *Tem um buraco que fica entre os dois peitos, parece uma moleira, mas chamam de plexo solar. Por ali me entra cada coisa... Outro dia entrou o mar inteiro, subiu até a garganta, apertou tudo e está lá, não quer sair. Vou te mandar um pouco.*

Nada pretende ensinar ou revelar, apenas constatar:

> *Não basta que haja amor para viver um amor. Quando um se sente em paz, o outro quer a guerra. É preciso me traduzir a cada centímetro do caminho enquanto ele explica que eu também não entendi nada. Discordamos sobre o tempo, o tamanho das ondas, a cor da cadeira. O desacerto é de lascar e não há cama que resista a tantas reconciliações — um dia a cama cai.*

Temos, enfim, a Maitê que deixa de ser o peixinho dourado e azul do aquário iluminado, no qual estamos a vê-la e admirá-la. Ela se oferece, agora, na densidade das águas submersas, onde nem sempre chega a luz do sol, mas tem o mar inteiro para se exprimir. Penetra com lucidez no sombrio átrio onde se realiza o solitário rito que fica, eleva e consola.

Assinatura não é *tattoo*

Será?

— De onde você escreve tem vista?
— Vejo o mar.
— Deve ser por isso que não quer publicar seus textos.

Foi assim que o editor da revista entendeu minha resistência inicial em publicar estas crônicas. Ao longo dos anos ele havia percebido que os que escrevem em local fechado gostam de mostrar suas coisas, e quem o faz olhando pro mundo tende a guardar na gaveta. Pois, como se vê, minha resistência encolheu, e não foi preciso tirar o mar da frente, mas o fato é que, quando a cabeça encrenca e a noia aposta que nunca mais terei uma ideia que preste, baixo a persiana e pronto... as palavras vão chegando.

Será a beleza tão dispersiva que nos põe bobos a contemplá-la? Será que ela rouba a vaidade de se exibir pro outro? Será que a janela do García Márquez dá pra lixeira pública? Não, não pode ser uma questão estética. É questão de vista simplesmente — feia ou bonita, da fábrica, ou das montanhas de Machu Picchu, tanto faz —, quando se escreve olhando o mundo a gente não tem como negar que tirou tudo dali, e talvez por pudor não queira repetir pra ele o que nos havia sido mostrado. Pode ser. Por outro lado, Joyce, Stendhal, Flaubert, Shakespeare, Jorge Amado... nenhum era cego, como se poderia supor. Tem o Ray Charles, Stevie Wonder, mas são músicos, e Beethoven...

Vamos tentar pelas paralelas. O sujeito que mora no subúrbio se esbalda aos sábados no baile funk, enquanto o morador da Vieira Souto se tranca em casa pra proteger-se da violência urbana. E tem o outro que construiu um piscinão no jardim, três meses se passam, fim da novidade, ele paga os tubos por férias em Itacaré. Requinte de rico é a simplicidade — casa de pescador, praia deserta e luz de lampião. Você prefere ver o Mick Jagger no

Maracanã ou no teatrinho da esquina? Se for na esquina e você estiver $podendo, saiba que seu ídolo deu pra fazer pockets de "Satisfaction" em microcasas de cem lugares. Com o mundo aos britânicos pés, Jagger prefere, agora, encantar um punhadinho. Caetano e outros deuses também.

No quesito sexo, sempre indispensável em considerações como estas, aquela transa escondidinha na cama apertada do quarto dos fundos é menos excitante do que a da suíte aclimatada, com travesseiros de pena de ganso? Temo que não. Acho até que tem gente ralando por uma king-size, pra depois ficar esparramada e tensa gastando neurônio em papo-cabeça, enquanto os da caminha xumbrega desencucam o desejo em baixas fantasias de alta voltagem.

Será?

Será que é mesmo assim? Será que enquanto minhas possibilidades aumentam o encanto retrai e as ideias encurtam? Será que o horizonte me leva pra dentro de mim? Será que me mudo pro outro lado do túnel? Será que ele volta se eu trocar minha king por uma mini de mola? Será que o Luis Fernando Verissimo tem tantos *serás*? Será que consigo uma última frase que responda a tantas perguntas?

•

O pai, a mãe, e o que mora no meu coração

Desde que comecei a escrever pra revistas e jornais, as pessoas me perguntam se é tudo verdade, se tive outro filho além da Maria, se tomei hormônio de crescimento, se passei mesmo a calçar 42, se minha história de amor é assim ou assado, por aí vai. Give me a break, gente. Se até em autobiografias a criatura escreve o que ficou na memória, e esta, como se sabe, guarda as coisas como lhe convém, o que dizer de mim, que nem memória tenho mais... A verdade depende de quem conta, e, ainda que escancare as minhas aqui, muitas vezes simplesmente invento. Porque a versão da coisa é mais divertida, e entre uma mentira bem contada e uma verdade, escolho a primeira! Outro dia uma leitora reclamou de leviandade na escolha do tema: paus. Talvez eu devesse, para não incomodá-la, ter chamado de "pênis", "membro" ou "o falo". O senhor poderia introduzir o seu falo de forma a não provocar ardência em meus lábios vaginais? E o humor iria para onde, minha senhora? Pra Sibéria. Enquanto a gente ficasse aqui discutindo moralismos, eles estariam lá às gargalhadas. Não. Quanto mais sério o assunto, que venha embalado na graça divina! E quase sempre é melhor. Quase. Mas agora não. Peço perdão e licença pra pesar no tema.

De uns tempos pra cá, desde que certa senhora resolveu fazer dinheiro com a tragédia alheia e escreveu um livro sobre os crimes do século, voltaram a me pedir entrevistas sobre a morte de minha mãe. É verdade que meu pai matou minha mãe. É verdade que anos depois ele suicidou. Também é fato que um irmão tornou-se alcoólatra e morreu disso no meu colo, e que o outro só depois de muita luta se livrou da dependência química. E mais e mais. Não gosto de falar disso, não me diverte, evidentemente. Mas há outros motivos. Essa história não é só minha. Ela aconteceu dentro de uma família de classe média alta, num mundo sem violências, onde nada disso era comum. É o enredo de minha gente (alguns ainda estão por aí e precisam de privacidade). Começou pra mim na infância, infestou minha adolescência, e repercutirá dia a dia ao longo de minha vida adulta.

Minha mãe era feliz. Com ela eu aprendi a ter amor à vida. Ao lado dela o tempo era uma alegria. Ela era solta, leve, vibrava e fazia vibrar tudo a sua volta. Foi a pessoa que mais amei neste mundo. A segunda pessoa que mais amei foi quem me sobrou após sua morte — meu pai. Quis compreendê-lo. Quis e consegui. Amei-o imensamente até ele morrer também, anos atrás.

O que eu tinha a dizer publicamente sobre esses crimes que destruíram minha família — e que meu pai e minha mãe cometeram juntos — foi dito. Eu disse em depoimentos a juízes. E disse em plenário diante de um júri e uma cidade inteira, por duas vezes, ao longo dos intermináveis anos que levou o processo de meu pai.

Mas o que não foi contado, o que não está nos autos da jurisprudência, o que não foi dissecado pela justiça e mastigado na boca do povo, essa parte da história é minha, e de meu irmão. Mora dentro dos nossos corações, que sobreviveram a ela. E ali ficará — se nos derem licença.

•

Papai e a urna

A verdade é que tinha um temperamento de cão e deu uma trabalheira danada ser filha daquele homem. Quando achei que havia finalmente me livrado da tormenta, ledo engano, era apenas o início de uma morte tão tumultuada quanto fora sua vida. O corpo seria cremado. Então lá fomos, família e amigos, num cortejo triste e longo para vê-lo descer ao forno subterrâneo do crematório de São Paulo. Não me lembro bem se foi no mesmo dia ou em outro que me entregaram a urna de madeira com meu pai em forma de cinzas. E, pra falar a verdade, tenho minhas dúvidas de que as cinzas eram mesmo as dele — sempre achei que eles misturam tudo lá por baixo e no final do dia separam um tantinho pra família de cada morto. Ou será que tem um sujeito passando o vassourão e separando as cinzas num canto, tipo: "Esse montinho é do pai daquela artista, esse é da professora, esse outro vai pro gordo de camisa verde." Sei não. De qualquer forma, dias antes de partir, papai avisou que, ao morrer (ele já fazia planos), gostaria de ter os seus restos soprados perto de uma árvore do sítio onde morava.

— Mas qual, meu pai? Facilite. Você plantou 3 mil árvores exóticas nesse terreno, fora as que já existiam quando você chegou.

— Fique tranquila. Você saberá.

Com papai bem vivo na minha frente, achei desnecessário estender a conversa e deixei pra lá. Dias depois, com a urna debaixo do braço (como pesa um punhado de cinzas) e percorrendo o sítio pela terceira vez, eu me arrependeria de não ter sido mais previdente. Éramos sete pessoas e estávamos quase desistindo quando, ao olhar pro alto pra ver se Deus ajudava, avistei um fêmur de boi enfiado no galho de uma árvore, como que o envolvendo.

— É esta! Achamos, tenho certeza! Vejam, é uma piada, uma charada relacionando o osso do boi com os ossos dele, agora queimados, é verdade, mas que foram verdadeiros ossos como esse aí, esse, ahn... fêmur. Entenderam?

Ninguém parecia, num primeiro momento, ver a relação, ou a graça. Mas pra mim, filha de quem era, não havia dúvida de que aquela era a árvore escolhida. Meu pai tinha se dado ao trabalho de criar uma produção cênica para que seu momento final fosse um último rasgo de ironia cáustica. Se queria risadas, elas vieram, com uma gargalhada de lavar a alma dos sete que ali estavam. Depois jogamos as cinzas na terra, desfiamos lembranças como numa reza ecumênica e encerramos a cerimônia. A árvore, devo dizer, nunca deu uma única flor. A coitada dá tudo de si desfazendo os nós que papai até hoje lhe trança pelas raízes.

Pois assim, sem mais, deu-se o fim de meu pai. Ou assim eu pensava... Até que numa tarde de sol, em que me encontrava tranquila em casa, o telefone toca e, do outro lado, escuto Sonia, a viúva, esbaforida:

— Não quero mais esse negócio! Tenho visto o Eduardo por aí andando, ouço vozes, passos, e ruídos do além. Tenho certeza de que sai tudo de dentro da caixa maldita!

A urna das cinzas ficara num canto do sítio. Estava lá havia anos, esquecida como uma caixa qualquer.

— Ah, Sonia... joga fora.

— Não posso, tenho medo de que ele fique chateado, seria um desrespeito, entende? Vou mandar pra você.

Quando o negócio chegou, percebi que não fazia questão de guardar aquilo em casa. Não que sinta medo de vultos, muito menos de papai, que em termos de estrago havia dado conta de seu lote em vida. Mas sei lá, aquela energia parada, trazendo lembranças esquisitas...

Enchi de areia, lacrei, e fui a pé até o Leme com intenção de atirá-la ao mar, a partir da ponta onde os pescadores colhem seu jantar nos fins de tarde. Papai foi criado à beira-mar, fazia pesca submarina, era nadador. Ia gostar. E era ótima opção para uma última morada: perto de mim mas no fundo do mar. Um, dois, três, me enchi de força, e tibum! Tive medo de que se espatifasse nas pedras, mas caiu dentro d'água. Caiu, mas subiu. Fiquei ali perplexa olhando o movimento das ondas com papai pra cima e pra baixo, pra cima e pra baixo. Nada de afundar. Já estava desolada achando que ia passar a noite esperando que a maré levasse papai até a praia e pudesse dar-lhe novo destino pela manhã, quando um pescador comovido sugeriu que fizéssemos uns furinhos na urna.

— Quem? O senhor vai pular lá dentro e buscar pra mim?

— Não, filha, pular eu não vou, mas se você pegar eu faço os furinhos.

Pulei. Me enchi de coragem e, sem alternativa, nadei num mar de lascar até salvar papai, que boiava tranquilão, alheio a tudo. Subir pela pedra escorregadia, com a roupa molhada e papai debaixo do braço, também foi um sufoco. Acontece que estávamos na cidade maravilhosa do Rio de Janeiro, e àquela altura já havia um bando de gente em volta gritando instruções e torcendo por mim. Tinha surfista, pescador, tinha até um grupo de corda e batuque mandando um sambinha xumbrega de fim de tarde. Quando finalmente cheguei ao caminho concretado do alto da pedra, pra recomeçar o marítimo enterro de meu pai, eu, que havia iniciado aquilo como ato solitário, percebi que estava acompanhada de uns cinquenta desconhecidos tão íntimos quanto solidários. Sei lá como, já corria a história do pai, das cinzas, e o escambau. Por respeito, o samba foi virando chorinho, o pescador me pegou a mão, botou nela a urna já toda furada, e juntos fomos balançando, balançando, enquanto a multidão contava, um, dois, três e... Aplausos.

E o sol se pôs.

Deu uma trabalheira danada ser filha daquele homem, mas nunca, nunca pude reclamar que tivesse sido monótono.

Santa Rita de Cássia

Tereza era a rainha da cozinha do padre. Em outras épocas, empenhara seus dotes para fartar a mesa de Emilinha Borba, de quem havia se tornado uma espécie de amiga. Agora contava histórias da musa, lembrava excentricidades dos fãs, a veneração pela *maior de todos os tempos*, segredava fofocas da era do rádio, louvava as lindezas do Rio de outrora. Quanto mais falava, menos a amiga aparecia. Nenhum telefonema, nenhuma carta, nem um postal de Emilinha. "Ela é muito ocupada, vida de artista não é mole." Ninguém sabia ao certo se as lembranças eram verdade ou concessão da Nostalgia para dar graça à vida de Tereza. Fato é que, enquanto contava os causos, ia produzindo quitutes, especialíssimos. O ponto alto na torre da Santa Rita, morada do padre, era o almoço do andar térreo. Todos os dias às 12h10 a campainha tocava e entrava Lucas, um advogado arrependido, não se sabia de que, ainda que fosse de conhecimento comum que vivia de brisa e, vez ou outra, de pequenos rolos. Em seguida apareciam umas funcionárias da vida airada, e duas bichas, uma mais discreta, outra menos. Uma era colunista; a outra, decoradora. Havia alcoólatras em eterna recuperação, desempregados acomodados, vagabundos ajustados. E meu pai. Meu pai estava sendo processado por um crime nada católico e, ainda que ateu, aparecia por lá, suponho, em busca de absolvição. E para me ver, já que eu morava no terceiro andar, e era só descer dois andares pra dar com meu pai ali na sala, entre os outros degenerados. Ok, está confuso isso. Eu explico. Primeiro, eu morava com o padre, mas não assim como você pode pensar. Eu era virgem, e o padre era casto, ou assim eu imaginava, pois ele o dizia, e eu, naturalmente, acreditava, porque o padre era bom pra mim. É que, meses antes, num dia em que as coisas estavam ainda menos fáceis do que de hábito, apareci na porta do padre e, com o argumento de que era órfã de mãe e ele padre, uma combinação clássica, me convidei pra ser sua hóspede e ele aceitou. Por hora é o que você precisa saber. Então, voltando ao almoço, era frequentado também por uma gente fina, de sociedade, que concedia a presença para demonstrar cristandade no convívio com pecadores. De forma que os repastos aconteciam entre heterogêneos, e Tereza cozinhava para todos, indiscriminadamente: quanto mais chegassem, mais encantada ficava em exibir seus talentos. A fartura dos banquetes era financiada pelo dízimo da Santa Rita, que, igreja de rico, produzia coleta polpuda. Não sei como saía tanta comida da minúscula cozinha. A geladeira General Electric era daquele tamanho de antigamente, metro e quarenta, por aí, e a bancada da pia tinha três palmos de largura, mais um fogão de quatro bocas, todo enferrujado. A cada prato pousado à mesa, eu imaginava Tereza a puxar delícias de suas panelas, como uma Mary Poppins de sua bolsa mágica (lembra? surgiam armários, abajures, vasos floridos, todo o necessário para decorar quartos de criança). A mesa de Tereza era feita de mágica. Empanturrávamo-nos de bacalhoadas, bobós apimentados, gordos suflês, feijoadas completas, vatapás carregados no dendê, dobradinhas, rosbifes com batatas coradas e sobremesas de se comer rezando. Pecado é que ali, de rezador, só mesmo o padre; os outros todos não relavam pé na missa. Nem mesmo eu, que vivia ali de favor. Certo dia apareceu o arcebispo, deixando o mundo tenso com sua visita solene. Só quem se sentiu à vontade foi o próprio, que, de tanto beber vinho, se esqueceu dos princípios e saiu passando a mão no traseiro do mulherio. As de-vida-airada não sabiam como reagir, não podiam lançar tapão num arcebispo de igreja, era falta sem perdão, e elas já andavam com a cota pelas tabelas.

Aqueles almoços eram alegres como deve ser refeição em casa de padre, com benefícios não só para o corpo, mas, sobretudo, para o espírito. Falava-se de tudo, porque o anfitrião era um tipo generoso e verdadeiro, livre de falsas morais. A seu modo, ia ensinando que o homem bom é aquele que abre espaço para as discrepâncias de seus semelhantes (sempre tão dessemelhantes). Compreendera cedo, pelo que ouvia no confessionário, que bons e maus, ricos e pobres, todos praticamos ordinarices e altruísmos, ora umas, ora outros. Os marginalizados da mesa do padre só estavam à margem devido a circunstâncias adversas. Ou por coragem.

Além de Tereza, quem cuidava do padre era Pedro, espécie de motorista-faz-tudo-dublê-de-sacristão. Lembro-me do dia em que irrompeu na sala, esbaforido:

— Padre, Fulano está ao telefone e diz que precisa falar com o senhor urgente!

— Mas homem de Deus, eu estou almoçando!

— Eu sei, eu sei, disse que o senhor estava almoçando ma...

— Você disse que eu estava almoçando?! Quantas vezes vou ter que explicar que padre não almoça, não vai ao cinema, não dorme, não tira cochilo? De uma vez por todas, Pedro, padre reza missa!

Hoje, passadas algumas décadas, faço igual em minha casa. Quando não quero atender, já expliquei, não estou dormindo, nem vendo filme. Ator não dorme, ator está no estúdio gravando, no set filmando, ou no palco atuando!

E alguns atores ainda escrevem crônicas, com taça rosé e docinho de queijo sobre a mesa. Receita de Tereza:

1/2 kg de queijo meia cura ralado fino
8 colheres de sopa de amido de milho
2 ovos

Em um recipiente, misture tudo até formar uma massa consistente e lisa. Modele em forma de bolinhas com 3 cm de diâmetro. Reserve.

Faça uma calda rala com açúcar. Quando estiver pronta, deposite as bolinhas com cuidado e deixe ferver por 3 minutos, mexendo de vez em quando. Apague o fogo quando as bolinhas estiverem firmes e brilhantes. Aguarde até esfriar e... delicie-se.

•

Assinatura não é tatoo

Você já olhou pra sua assinatura e achou que aquilo não era mais você?

De uns tempos pra cá tenho empacado na hora de firmar meu nome, bate uma rejeição e esqueço como se faz! Aquele gesto mecânico repetido há décadas, por ser mecânico, quando pensado, não sai. Tendo atravessado a crise dos trinta e a virada dos quarenta, agora que tudo acalmou, me vem uma crise ortográfica, francamente... Já me peguei diante de um documento tentando lembrar por onde começo a volta do eme — fundamental, porque, se a primeira letra não sai direito, danou-se o resto. E a primeira letra é a mais significativa, aquela cuja forma representa seu caráter na assinatura. É aquela que o jovem inseguro, em busca de si, um dia ensaiou no rascunho se colocava a perna longa, curta, redonda, se caía pra direita, pra esquerda... Só depois viria o resto, seguindo o estilo imposto pela forma inicial. Meu M, por exemplo, foi copiado de minha mãe, porque achava lindo o rebuscamento da primeira volta com uma perna longuíssima se arredondando no fim. Só que, no caso da Margot, todas as outras letras seguiam deitadas numa harmonia perfeita, que eu, por mais que tentasse, nunca consegui reproduzir. Minha assinatura é esdrúxula e pouco tem a ver comigo. Como também a de minha mãe, que foi criada em colégio de freiras conservadoras. A forma de contornos imaculados possivelmente nada tinha a ver com a adulta que virou, assim como minha tosca imitação pouca correspondência tem com a mulher que sou hoje. A gente cria uma marca lá pelos 14, e vai carregando-a, intacta, pela vida, até morrer. Por quê? Se mudamos de cara, de corpo, de convicções e ideais, se amadurecemos, por que a assinatura tem que se manter infantilizada? Minha filha adolescente está às voltas com o assunto, e não é que o tal M já está lá querendo se infiltrar pela terceira geração. Não é nada não é nada, lá se vão sessenta anos de emes equivocados, com suas minúsculas consequências a reboque. Tentei alertá-la para o perigo, mas ela já foi seduzida pela beleza da forma, e só conseguirá se desfazer das consequências quando tamanho de perna não tiver mais qualquer relevância. Décadas se passarão.

Há algum tempo combati minha resistência ortográfica e dei uma chave de braço no impasse. Não é coisa simples, e o fiz com parcimônia, mas ao menos consegui criar uma assinatura exclusiva para autógrafos. Possuo agora a assinatura de sempre para documentos, e outra, mais nova e simples, para a pessoa pública. Sabe lá o que é escrever M-a-i-t-ê P-r-o-e-n-ç-a cem vezes de pé? Não é mole, como não deve ser bom escrever qualquer nome comprido em pilha de cheques, ou, pra citar um notável, rabiscar Emiliano Augusto Cavalcanti de Albuquerque na tela, com tinta e pincel. Incompatibilizado com sua grife, faça como nosso Di, e simplifique. Você que um dia caprichou nas voltas do seu nome-e-sobrenome e agora é um sujeito prático, jogue três letrinhas no papel, sintetize-se, e sinta-se representado! Você que virou um mulherão e não se reconhece naquela forma do primário, vista-se de atitude e troque o look. É indolor. Assinatura não é tatuagem, basta passar a borracha e se reinventar. Não deixa cicatrizes. E pode ser libertador!

•

A química dos imponderáveis

Amor da minha vida

O amor da minha vida eu encontrei, tem nome, é de carne e osso, e me ama também. Agora falta encontrar alguém com quem possa me relacionar.

É que o homem da minha vida não cabe em mim e eu não caibo nele. Não basta que a gente se queira há muitos anos. Não bastam nossos namoros longos, os rompimentos e a teimosia de desejar mais daquilo que não há de ser. Não presta que ele me visite pra acabar com as saudades e fuja correndo de pernas bambas. Não importa que eu esqueça meu nome depois, nem que me perca num oco, ou que os sentimentos corram de ambos os lados, intensos e desarvorados. Não basta que haja amor para se viver um amor. Eu e ele somos as cruzadas da Idade Média, o Osama e o Tio Sam, o apartheid, o falcão e o lobo, o Feitiço de Áquila. Seus mistérios me perturbam e minha clareza o ofusca. Tenho fascínio pelo Plutão que ele habita, e ele vive intrigado por minha Vênus, mas quando eu falo vem, ele entende vai, enquanto ele avista o mar, eu olho pra montanha. Quando um se sente em paz, o outro quer a guerra. É preciso me traduzir a cada centímetro do caminho enquanto ele explica que eu também não entendi nada. Discordamos sobre o tempo, o tamanho das ondas, a cor da cadeira. O desacerto é de lascar, e não há cama que resista a tantas reconciliações — um dia a cama cai.

Esta semana assisti à *Ópera do malandro*, em cartaz no Rio de Janeiro. Se o Chico Buarque nunca mais tivesse feito outra coisa na vida, ainda assim teria de ser imortalizado pelas alturas em que transita sua poesia nessa obra. Como ando às voltas com assuntos de amor, prestei atenção na cafetina Vitória, que, do alto de sua experiência, ensinava:

Ai, amor jamais foi um sonho, o amor, eu bem sei, já provei, é um veneno medonho. É por isso que se há de entender que o amor não é ócio, e compreender que o amor não é um vício, o amor é sacrifício, o amor é sacerdócio.

Mais adiante Terezinha, a heroína quase ingênua, sofre:

Oh pedaço de mim, oh metade arrancada de mim, leva o vulto teu, que a saudade é o revés de um parto, a saudade é arrumar o quarto do filho que já morreu. [...] Leva o que há de ti, que a saudade dói latejada, é assim como uma fisgada no membro que já perdi.

Naquela noite voltei pra casa decidida — não quero mais o amor da minha vida ocupando o lugar de amor da minha vida. Venho, portanto, pedir a ele, publicamente, que libere a vaga. É com você mesmo que estou falando, você aí, que se instalou feito um posseiro dentro do meu coração, faça o favor de desinstalar-se. Xô! Há de haver um homem bom, me esperando em alguma esquina desse mundo. Um homem que aprecie o meu carinho, goste do meu jeito, fale a minha língua e queira cuidar de mim. As qualidades podem até variar, mas aos interessados, se houver, vou avisando: existem defeitos que considero indispensáveis.

Meu amor tem de ter uns certos ciúmes, e reclamar quando eu precisar viajar pra longe. Pode se meter com minha roupa, com corte do cabelo, e achar que sou distraída e não sei dirigir. Quando ficar surpreso de eu ter chegado até aqui sem ele, afirmarei, sem ironia, que foi mesmo por milagre. Esse homem deve querer nosso lar impecável, com flores no jarro, e é imperativo que faça tromba quando não estiver assim. Ele irá me buscar no trabalho e levará direto pra casa, nada de madrugadas na rua! Desejo, enfim, que meu amor me reprima um pouco, e que me tolha as liberdades — esse voo alucinante e sem rumo anda me dando um cansaço danado.

O amor é brega

O amor é lindo. Mas é brega. Se não for brega, é porque é pouco. O que aconteceu com aqueles digníssimos amores do século passado? *O vermelho e o negro* do Stendhal — aquilo sim era amor chique, estoico. Imenso mas distinto. Agora qualquer coisinha a gente já revela pro mundo e sem pudores vai comparando com o pôr do sol, a pureza da criança, o infinito dilacerante...
Se as coisas vão mal e você é pessoa pública, sai correndo em direção a uma capa de revista pra manifestar sua tristeza. Ali é o lugar certo para lágrimas, arrependimentos e aquela troca de insultos de fazer corar uma estátua. Tudo meio baixo, tudo muito brega. Eu mesma, às voltas com certa nostalgia amorosa, andei há tempos escrevendo uns poemas... Um deles resolvi mandar pro Rei, ele mesmo, o Robertão. Achei que o Rei ia entender a dimensão do meu momento e não iria julgar mal aquele derramar de emoções, um tanto eróticas, devo admitir. Como se não bastasse o atrevimento, achava que "meu momento" podia virar música na voz do Rei — o coração balançado me afetava a cabeça e eu não percebia. Não sei se o negócio chegou a ele, só sei que o encontrei depois, casualmente — como sempre, foi muito simpático —, mas quanto a "meu momento", nada. Fiquei na minha. Resolvi então mandar pro Zezé di Camargo, meu sertanejo predileto junto com Chitão e Xororó. Havia apresentado há tempos um show do Zezé e do Luciano e ficara impressionadíssima com a legião de fêmeas a rasgarem-se em êxtase espírito-sexual diante dos rapazes, que cantavam muito afinados suas romanticíssimas composições. Não sei por que teimava em não ficar, como seria de meu feitio, quieta com minhas mazelas, mas me deu uma vontade assim meio baixa, porém irresistível, de ver meus derramares escancarados numa canção molenga

pelo Brasil afora. Deve ser efeito desses tempos meio bregas tal indiscrição erótico-amorosa. Enfim, o negócio é o seguinte... O poema é erótico-brega-amoroso como já avisei. E... bom, aí vai:

O Amor de Cama

Quando você faz amor comigo, meu corpo todo, cada poro, cada pelo, cada órgão lá de dentro sorve aquilo de tal jeito, que não sei como é que o peito, o coração ali desfeito, tudo enche estufa cresce e se esvazia ao mesmo tempo.

Num instante vou morrer
No outro me acho, plena, de você.

E agora que você não está, passo a língua pela boca, passo a língua pela língua, inspiro o ar da sua garganta pra dentro do meu pulmão, engordo do ar que não há. Com você entre minhas pernas, busco resquícios do amor que você me fez. Não acho.

E sinto.
E sinto a falta que você me faz.

•

Uma carta

Será que elas sabem que quando você goza é comigo que está? Que os beijos foram pra mim e cada gota de suor? Será que sabem que nos seus silêncios é comigo que conversa e, na hora de seus mistérios, estamos de mãos dadas lembrando do passado e sonhando com o futuro? Que sou eu a Dulcineia que o acompanha nas lutas quixotescas contra os moinhos de vento de suas fantasias, elas sabem? E sabem que você é um caipira turrão que mente a idade, e é pão-duro de doer? Isso elas não sabem porque você não entrega o ouro cedo, não entrega nunca. E você sabe que eu nem consigo deitar com outro, porque meu corpo grita NÃO e me chama de prostituta? Tem um buraco que fica entre os dois peitos, parece uma moleira, mas chamam de plexo solar. Por ali me entra cada coisa... Outro dia entrou o mar inteiro, subiu até a garganta, apertou tudo, e está lá — não quer sair. Vou te mandar um pouco. Cabe aí, ou você continua empanturrado pela terra que engoliu pra não morrer de fome com a falta de mim? Até quando será, vida minha, que o destino espera a gente se cansar de andar em círculos? Será que ele vai ter uma paciência infinita com essa mania da gente se amar de longe? Ou um dia ele nos puxa pelas orelhas, bota os dois juntos e diz: "Acabou o Tom e Jerry, um olhando pro outro, já"? E, tocados pelo cosmos, saberemos que era ali que sempre quisemos estar. Você fará um abrigo bonito pro nosso amor, estou até vendo, sempre teve bom gosto. Eu te puxo pra rede, faço um cafuné sem fim e conto histórias pra gente dormir. Ai que bom... Já pensou no cansaço que vai bater quando finalmente a gente parar com isso? Ah, você contou pralguma delas que pensa em mim todos os dias, e que há dias em que pensa sem parar? Perturba, não é? A gente não consegue fazer as coisas, tocar o barco, nem fingir direito que gosta de outro dá. Eu também acordo todos os dias tomada por você. E ando acordando de madrugada. Você parece que pula em cima de mim, eu dou aquele salto e pronto, é risada, conversa fiada, lágrimas, de um tudo... e nada de dormir de novo. Depois passo o dia bocejando e não tem como explicar, vou dizer o quê? Passei a noite com meu amor, que não estava comigo porque... Por quê? Outro dia acordei a sucumbir de saudade. Tinha palpitações, era grave, liguei pro médico. "Estou sofrendo de amor, não paro de chorar, meu coração vai sair pela moleira do peito, e hoje não é um bom dia pra morrer. Tenho oito cenas pra gravar, doutor, um artigo pra escrever, minha filha chega de viagem e..." Ele fez a receita na hora. Inderal pras palpitações, Buspar pra dor de amor, e Sonata pra... Puxa, como gostei desse nome, lembra mamãe tocando Chopin ao piano — tão romântico. Onde eu estava? Ah, sim, Sonata pra insônia, porque, desculpe, mas eu tive que contar pra ele que você não me deixa dormir. Ele falou pra eu mandá-lo embora. Mas já fiz isso, nós sabemos quantas vezes, não é? E você não vai. Quando vai, não sai de dentro de mim do mesmo jeito, entranhou.

O Tururu pequeno outro dia me vendo tão triste perguntou:

— Mamãe, por que você fica com quem te faz sofrer tanto?

— Porque no amor a gente tem que fazer tudo que puder pra dar certo.

Passaram-se meses.

— Você fez tudo o que podia?

— Agora sim.

— Então presta atenção, da próxima vez que ele cruzar a sua mente, você pensa: "Que bom que me livrei desse cara", e muda pra outro assunto!

Não sei onde arrumou tanta determinação — aos doze anos! Mas é que ela não aguenta mais me ver confusa. Podia ser simples, Romeu e Julieta *andaram* pras barreiras familiares, o príncipe largou seu reino pela Wally e até o João pobretão aqui da esquina dorme na calçada agarrado com sua Maria.

Minha filha tem razão, podia ser simples.

Mas pra quem eu ia escrever esta carta?

•

Cafonice feminina

Ao teatro, tenho a convicção de que dou uma grande, uma completa experiência humana. Como ser social, porém, sou inegavelmente agressiva, despida de uma hipocrisia que tornaria a minha vida e a dos outros algo mais fácil. Faço amigos com dificuldade e raramente. Mesmo os sentimentos têm sido extremamente difíceis... Só participo das relações com base em profunda sinceridade e honestidade. Não quero dizer com isso que não seja às vezes hipócrita, como é costume. Apenas, no meu caso, essa hipocrisia não resiste muito e a minha reação a ela é violenta e desastrosa — quando a máscara me cansa, tiro-a e pratico absurdos.

Transcrevo isso de *Fúria santa*, uma biografia de Cacilda Becker, cuja leitura recomendo. É preciso ser muito fêmea pra sair das alturas e contar dificuldades de pessoa comum. Cacilda, como toda gente interessante, era uma mulher cheia de contradições. A gente lê e percebe que, apesar da riqueza de sua vida, do mito que foi e do mundo intenso que a cercou, ao final das contas, e é disso que quero falar, ela morreu de amor. Uma mulher forte, decidida, com um dom extraordinário e reconhecido por todos, morreu da falta de seu amor, que no caso chamava-se Walmor Chagas. Estou simplificando, é claro, Cacilda teve um aneurisma, era intensa e tensa e fumava muito. Mas foi-se com 48 anos apenas, e a gente sente, virando as páginas, que o fracasso de seu casamento nos últimos anos engoliu-lhe a vitalidade, deixando-a mortalmente solitária num mundo de admiradores. Déjà-vu? Pode ser. Outras divas se foram por motivos semelhantes — isso não é sequer um privilégio de grande dama, é coisa de mulher. Grande ou pequena, louca ou linear, mulher é, acima de tudo, romântica. E nisso até Cacilda era comum.

Cá entre nós, desconfio dessas moças de trinta e quarenta que, lindas, dizem agora ter atingido o ápice de não sei quê, e que estão muito bem sozinhas porque, donas de seus narizes, podem se dar totalmente ao trabalho e aos prazeres da vida. Mentira. Elas tomam remédios pra dormir e choram frustradas, sem entender por que, com tudo em cima, não conseguem um parceiro pra encher de beijos e dizer te amo. Prosaicos problemas femininos? Mas como doem e roubam a energia da gente. Deixam a cabeça sem foco, o mundo sem sentido, e uma vontade horrível de não ser. Se até a Cacilda... que levava dentro um furacão, criava coisas extraordinárias e tinha o mundo a seus pés, o que dizer das bundudas, peitudas e ocas? E das outras todas?

    Certa vez, de férias com um amigo de longa data, ao olhar pra ele na praia, abriu-se uma janela dentro de mim cheia de histórias e coisas vividas juntos. Eu observava o modo dele andar, o sorriso, o ar blasé a esconder o pulsar das coisas... Naquele rolo de fotos passando, eu olhei, vi e senti um amor tão grande que transbordou pra fora do presente. Foi se enfiando pelo futuro, e nossa!... era pra sempre.

    A vontade minha e a dele iam fazer com que todo o improvável desse certo. E deu num amor imenso. Tudo foi irresistivelmente romântico. Até que um dia, da noite pro dia, o amor estancou, se retraiu, ficou comum e ele partiu.

    Devo ter perdido um pedaço do filme, e ninguém me explicou por que um punhado de areia encobriu a imensidão do mar. Passei a sair por aí fingindo que era feliz. Feito as Maysas, Marias e Cacildas, procurando por nós, eu me perdia de mim. Por dentro uma imensidão, por fora uma máscara com cara de nada. Só não morri porque um belo dia, do jeito que foi, ele voltou. Não sei como, mas voltou trazendo nossa história junto. Eu não quis explicação, não precisava. A união entre dois pontos era de novo uma linha reta. O céu resplandecia acima e o chão estava de volta embaixo de meus pés. Eu queria acordar porque ele havia voltado. Tudo era bom, benzadeus, porque o meu amor estava no único lugar possível — a meu lado.

Agora, olhando pra trás, já com os neurônios assentados em seus locais de origem, penso: ainda bem que eles voltam. (Os neurônios, claro.) E os homens também, vá lá. Ainda bem que voltam, quando voltam, para nos arrancar dessa cafonice gloriosamente feminina que é perder o sentido de tudo e se deixar morrer de amor.

•

Ciúmes

Esqueci de contar que vi o filme da Frida Khalo. É lindo. O amor dela é do tamanho do nosso, e o Caetano cantando é do tamanho do mundo. Vá ver, passa um rio pela alma. Diogo Rivera seduz e seduz, e um dia é com a irmã dela que se deita. Eles rompem. A Frida se cansa de ele nunca fazer concessões ao amor, cansa de compreender, sabe? Porque dói. Eu também, o outro dia me doía tanto tudo. Parecia que um líquido vital saía de dentro de mim e, à medida que o sumo grosso ia escapando, meu corpo sentia uma espécie de torpor, ia dando uma paz sublime, e eu percebia que a dor estava indo embora junto com a vida. Delícia. Deve ser por isso que as pessoas se viciam em morfina. A Frida se viciou. A dor dela era física mas era de amor também.

Por falar nisso, eu achei muito feio o que aquela moça fez. Essa mesmo, de nosso último desacerto. Nós a recebemos juntos em casa há tão pouco tempo. Eu agradei o filho dela e nem percebi que vocês estavam se olhando pelas minhas costas. Estavam? Ou ela pulou no seu colo assim que soube que você estava semidisponível, a puta? É isso mesmo, quem fica com o amor da gente é sempre puta, não dá pra negociar. Tá bom, "aquela vaca" também serve. Na piscina ela te olhou e me disse que te achava gordo e careca. Morri de rir porque você está mesmo um tanto quanto, mas olhei de volta e te achei todo lindo. Aquela vagabunda (também dá) estava fingindo desinteresse! Você acha que sou vulgar? Ora, amor, comecei toda doce, mas o sangue me subiu e o nível caiu, sorry — pela rima. Além do mais, a discrição e o altruísmo são sentimentos nobres, mas numa hora dessas quem faz uso acaba com um bom par de úlceras. Você contou praquela... moça — tá certo, ela é bonita e boazinha, mas aviso que é destituída de senso de humor, hein. No quesito graça, ela pesa três toneladas. Tá bom, eu estou com ciúmes — duas toneladas..., é um hipopótamo de seriedade, há há há. Ok, parei. Só mais uma coisinha, eu a encontrei outro dia numa festa. Quase tropeçou ao virar a cara por não ter coragem de me encarar. Estava acompanhada do rapaz que a carrega a eventos públicos para não parecer encalhada. É um bom sujeito, e lhe confere o status que sozinha não teria. Quer dizer, ela o usa, e por trás... É uma desclassificada, duplamente puta. Você me pede calma!? Não devo sentir ciúmes, sou o amor da sua vida, você não para de pensar em mim? E o que o seu corpinho andou fazendo coladinho no dela, Bill Clinton? Você é um tolo, ela uma ordinária, e — haja desprendimento — eu não sou a Hillary! Eu te amo! Fico magoada. Não é humilhação que sinto, é tudo tão bobo e adolescente que me bate um desprezo. Depois acabo compreendendo a chatice inteira, e fico é muito triste. Parece que o avesso vai me sair pra fora cortado em pequenos pedaços de carne mutilada. Melodramático, você acha? Às vezes a gente perde mesmo a delicadeza, e a educação vai junto. Benza a Deus.

Meu amor, já te mostrei a caixa que mamãe me deixou antes de morrer? Tem um colo ali dentro. Não ri, vem cá e espia só. Tem coragem, tem vigor, tem alegria e encantamento por todas as coisas. Mamãe viveu pouco, mas me deixou uma bendita vontade de viver, um santo entusiasmo! Pois, nas horas de muita dor, eu cato uma pitada de cada coisa que tem ali, e num instante fico livre, quase forte, quase feliz. Agora, por exemplo, eu quase nem preciso de você.

Eu sei que, se aparecer na sua frente, seu coração dispara. Eu sinto, bobo, quando você me abraça, aquele bumbo rebatendo no peito. Pois o meu coração outro dia disparou com uma foto. Tava tirando você do porta-retratos da estante, com raiva, e você ali sorrindo pra mim com os dentes perfeitos. Não tirei mais, deixei onde estava, na prateleira da sala, sabe? Nem sei por que ligo tanto prum sujeito teimoso que procura fora aquilo que o afaste do que mais quer. Vou te internar. Se adiantasse... Mas não adianta. Sou eu sua cura, por isso você foge. E sou sua droga, por isso você volta. Eu sou sua droga, por isso você foge, mas sou sua única cura, por isso você volta sempre. Volta logo, vai, já te dei linha demais. Estou cansada dessa encrenca, quero paz. Quero uma surra de cotidiano. Quero ser professora primária numa vila do interior. Quero uma cama vazia pra me enroscar com você até o marasmo chegar.

Volta pra casa, eu deixo. Vem dar risada comigo, vem que a conversa é boa, os carinhos são ternos e eternos, e nós dois juntos, vida minha, somos um tapete voador.

Mas, pensando bem, você me faz doer. Volta não, amor. É que a distância, o tempo, sei lá, foi mostrando que eu sem você até que passo bem demais.

•

Um World Trade Center no meu coração

Será que a morte resolve? Não quero que sofra dores físicas. Só quero que não exista mais, pra eu não ter que esperar todo dia pelo dia de você voltar.

É que há épocas em que estou lúcida e te odeio muito — cato o saco de motivos que me deu e vasculho até lhe desejar o fim. Mas há outras em que me falha a memória e a saudade me traz você bom, adorável. Aí amo e amo e amo até me perder na ilusão. Só vou reaver-me dias depois, já de joelhos vasculhando o chão à procura de minha vida.

Nessas horas, daria o senso de humor e um dedo mindinho pra saber o que você anda pensando aí nas distâncias. Pensa na Guerra do Iraque? Nos planetas não descobertos? Deseja aprender o chinês? Pensa em mim quando acorda? E quando vai dormir? Inventa casas para morarmos, planeja viagens pelo Tibete, escolhe veleiros para atravessarmos o Pacífico?

Preciso tanto arrumar tempo pra aprender a te querer menos, mas ando muito ocupada remendando um coração partido. É tarefa longa, não costuro bem. E longa é a avenida de clichês que se engarrafam no rush da minha cabeça. Amor burro.

Às vezes me assolam desejos insanos. Quero subir no farol da praia e gritar seu nome bem alto. Quero pichar o Pão de Açúcar com versos apaixonados. Desejo plantar bandeiras de amor nos arranha-céus de Xangai e anseio por lavar o chão da rodoviária de São Paulo ou marchar sobre os cotovelos, se isso tornar provável nossa história impossível.

E tem dias de decisões. Nenhuma lágrima mais, nenhum lamento! Plantarei um World Trade Center inatacável dentro do meu coração. Cavalgarei quatro luas no cavalo que você me deu pra noite engolir o escuro que há dentro de mim. Acenderei uma alameda de velas pra te celebrar. No dia de teus anos, acompanhada dos seres que amam sem medo, irei, em procissão, pedir à Mãe que te liberte para amar assim. Pedirei também que tua vida seja boa e feliz. E construirei uma capela na colina mais bonita, pra lembrar a Deus que tenho esperanças. Sento ali e espero um milagre. E depois de cinquenta anos, se nada acontecer, morro, cansada de sofrer dores físicas a cada dia que meu corpo gritou pelo seu.

 E olha que eu só queria andar de mãos dadas e viver contente a seu lado.

•

Amor ruim

Será que acha que, ao se apresentar de peito aberto, ela descobrirá que ele é uma besta? Disso ela sabe, ora. Como pode inteligência tão fulgurante carregar um emocional brutamente atrofiado como é o dele? Culpa da mãe, sempre é. Brinque com crianças de sua estatura e, depois, arranje uma mulher feiosa e burra, do seu tamanho, filhinho. Um homem crescido tem que matar a mãe, catar a autoestima afogada no pântano das depreciações, e seguir com dignidade. O homem de que falo não tem corpo, não possui libido ou coração, reside na cabeça, pensa e fantasia tormentas, enxerga as sombras das coisas, não vê as coisas. Tem a fragilidade de um menino de quatro e o desespero congelado de um velho no corredor da morte. Ela o paralisa. A afeição que a mulher lhe dedica jamais será suficiente pra que sinta paz. Quanto maior o amor, mais silêncios invadirão os dias daquela parelha, maiores serão as omissões do homem doente, suas desculpas e mentiras. Quando ela dá a cara a tapa, ele bate forte e ofende. Depois volta implorando misericórdia, porque só ela faz sentido no mundo torto que ele inventou pra se lastimar e destruir. Ela cuida de suas feridas abertas, lambe uma por uma até sua boca ficar amarga e purulenta. Cospe e recomeça. Teria feito isso mais cem vezes se ele não tivesse lhe chutado a face por não suportar a ternura que incendiou seu tórax enquanto tentava odiá-la para nunca ter de perdê-la, um dia.

Ela se foi.

•

A química dos impon deráveis

A gente não ama com os critérios no lugar. A gente ama com o corpo. Ama mais as falhas do que as qualidades. Virtudes impressionam, alegram, encantam, mas, sobretudo, incomodam e, quando muitas, atordoam, se acumulam sobre nossas carências, soterrando a admiração que um dia nos motivou ao convívio com o outro.

Aí, num sopro, um passo equivocado do parceiro, e perde-se a linha em alto estilo. Acusamos o amado, ofendemos aquele que outrora nos encantava os dias, preenchia e complementava. Machucamos a criatura que amávamos, quiçá, insuportavelmente. Coisa cruel o amor.

Não sei como se dá com os homens, mas numa mulher o corpo fala e diz bem alto. É assim: ela está ali desinteressada, poros fechados ao sexo, o foco em negócios diversos, passa alguém que não é seu tipo, um tipo improvável, esquisito. Ele olha, diz algo desestruturante, e... tóim, o sino toca na catedral. Seu corpo balança, uma luz na espinha se acende, e danou-se tudo. Dali em frente, não há razão que coloque o trem sobre rodas, tudo já se desalinhou, e a mulher — desavisada e contente feito a insanidade — se faz refém de um troço cego sem rumo. O sangue que era pouco e irregular jorra de novo entre as pernas, espinhas brotam num rosto maduro, feromônios em ventania penetram suas narinas, as noites curtas se entrecortam de sonhos quentes. Ela tem de novo 22 anos e pode tudo. Mas e o outro que só estava passando e mirou de relance, por vício, quem sabe? Será que vai embarcar nessa máquina acelerada e febril?

Aí, minha cara, é com a sorte, com o destino, são coisas do amor. É a química dos imponderáveis.

•

69

Primeira amante

Eu gostaria de ser a mulher da primeira noite de um homem. A primeira amante. Hello Mrs. Robinson. Como estava bárbara a Anne Bancroft naquele filme. E digna mesmo com cara de vem cá meu bem. O Dustin Hoffman já era crescidinho. Acho que, hoje, não há com aquela idade rapazes que não tenham se iniciado no assunto. Então o meu garoto seria ainda mais garoto, com a imaginação tomada por sexualidades. Um menino de sonhos molhados e a boca seca, com medo. Seria pequeno. Não queira me linchar, é uma fantasia remota. É devasso que isso more aqui dentro de um desejo reprimido?

Ah, se não fosse a Anne Bancroft com aqueles olhares esplendidamente perversos. E aquelas pausas magníficas... com silêncios de alta voltagem. Dá pra ver os dois pensando — de um tudo. E ao mesmo tempo há algo ali de muito terno.

Silêncio! Não está me deixando fluir com tanto julgamento que lança em minha direção. Relaxe. Deixe a apostólica de lado, ouça um bocadinho, e então cate dentro pra ver se você também não tem as suas *irreveláveis*. A coisa preto no branco me espanta também. Com quem seria, que menino? Minhas amigas têm filhos dessa idade, eu não olho pra eles pensando isso. Se acontecesse, teria de me esconder atrás de um móvel, atrás de uma cara besta. Que besta! Seria feio, e meu desejo é bonito.

O meu menino é desconhecido. Eu o terei por um dia, sabe? Depois nunca mais. Ele não é magro nem gordo, alto ou baixo. É um menino comum sem nada de especial além do fato de ser quieto. O momento é diferente de tudo. É melhor que tudo. Tudo não existe, existimos ele e eu. Ele quer que passe logo. Que aconteça alguma coisa. Que ele possa morder, pular, que eu o deixe gritar, e que depois sufoque seus ímpetos nos meus peitos. Que de meus peitos saiam leite, e que ele mame até dormir.

E eu quero que ele se esvazie para encher-lhe os sentidos de hálitos e saliva, calor, suor... Eu o levarei para um lugar que há em cada um, onde a consciência se acalma e os sentidos afloram, bem devagar. Bem devagar, como uma dança redonda. Com água na boca, naquele dia inteiro eu vou fazer caber tudo que não se aprende pensando. Bem devagar. Passo a passo, como se eu fosse uma mãe indo embora, vou ensinar pro menino tudo que ainda não sei. Coisas de um amor sem vergonhas. Todas as coisas que só saberei quando ensinar pro meu menino, bem devagar.

Depois eu durmo.

E ele, feito homem, levanta e vai viver a vida.

•

Perdição de linha

Aos treze anos me encantei por um rapaz de dezessete. Lá pelas tantas, dividida entre o bombardeio hormonal que se detonava em meu corpo e as regras do bom comportamento, resolvi perguntar a meu pai se já podia dar beijo de língua. Dia seguinte papai me embarcava num avião rumo à França — havia providenciado pra que sua filhinha permanecesse quatro longos meses distante do beijador potencial que lhe ameaçava a integridade. Mal sabia meu pai que era justamente nas lonjuras daquele país que sua criança descobriria, irreversivelmente, a diferença entre uma jujuba e um bom *french kiss*.

Agora é minha vez.

Minha filha de treze anos está no auge da puberdade. Maria não me pergunta o que pode fazer com as vontades que tem, mas, ao contrário de mim, percebo que enxerga bem os limites entre o desejo e a velocidade com que deve desabrochar nesse princípio de tudo. Acontece que o pode-não-pode mudou um bocado dos meus treze pros dela, e beijo na boca hoje é normal até em mais de um na mesma festa — tanto e tão abertamente que existe até nome pra isso. Fica-se com um, com dois, com dez. Confesso que já achei estranho: será que a geração de minha filha eliminou o sentido de posse, os ciúmes, a paixão ao primeiro beijo, e tudo ficou de repente livre, solto, e frio? Quando foi que as fronteiras cederam assim?

Nunca. Numa pesquisa caseira, percebi que os códigos são menos frouxos do que parecem e que as regras continuam rígidas e até mais parecidas com as de outrora do que seria desejável. O mundo girou e girou e foi parar nos mesmos dois pesos e medidas em que meninos podem tudo e as-meninas-que-se-comportem.

Simplificando, é mais ou menos assim:

Se você for menino e ficar com sete garotas na mesma noite, seus amigos dirão que tu pegou geral, que tu é farpa e espada, entre outros adjetivos enaltecedores. Já a menina, se ficar quietinha com um, tudo bem, se ficar com dois começam os comentários, mas se beijar três acabou: é perdição de linha, piranhice e galinhagem. Tem mais. O menino que passa meses sem pegar (existe termo mais abominável?) ninguém é liso. Ele pode inclusive ser farpa, mas estar liso naquele momento. Um farpa, mesmo que circunstancialmente liso, será sempre farpa, porque conquistou seu posto com múltiplas demonstrações de exibicionismo testosterônico. Já a menina, que não deve nunca ficar com muitos, também não pode ficar sem ninguém — quando acontece, ela passa rapidamente de desejável a encalhada. O menino que dá em cima de todo mundo é um singelo arroz, mas a menina que faz o mesmo continua sendo a velha galinha de sempre. A lista de nomes tem algumas novidades, mas, de maneira geral, os garotos permanecem bravos garanhões, enquanto as garotas se revezam entre o peixinho agressivo e a burríssima ave.

Estive cá com meus botões. Ora, todo homem que se vê por aí saiu de uma barriga feminina, e esse milagre cotidiano de saber fazer filhos, de certa forma, dá à mulher uma dimensão divina. Além disso, os atributos que a natureza associou ao dom ainda ampliam sua complexidade — meninas já vêm do ventre com intuição apurada, com facilidade introspectiva e com forte tendência ao amor incondicional. Tenho a impressão de que isso tudo deixa os rapazes atordoados e que, não dando conta do tamanho das entidades que os atraem, preferem lidar conosco por partes. Por isso eles nos retalham em palavras depreciativas — não conseguem relacionar-se com a mulher-substantivo, então nos reduzem a um adjetivozinho qualquer.

Mas nós, que os amamos acima de tudo, sublimamos a falta de jeito e, conformadas, percorreremos gerações lambendo infinitamente a frágil virilidade de nossos apolos.

•

69

Algumas atividades parecem que nasceram umas pras outras. Tomar banho e cantar dá uma alegria enorme, comer pizza e falar da vida alheia é quase um ato contínuo, beber cerveja e fumar combinam que só, assim como jogar futebol e xingar a mãe, sentar no trono e ler, dirigir e ouvir música — todas delícias de uma vida boa!

Por outro lado, há coisas que simplesmente não ornam. A palavra ornar por si já não orna com nada. Chupar cana e assoviar todo mundo sabe que é desaconselhável, dirigir e falar ao celular a lei não permite, conversar e pular corda é complicado, e assim a coisa vai numa longa lista de práticas incompatíveis. Pois eu queria manifestar meu desapreço por uma posição de funções adversas que, no entanto, é bastante apreciada na atividade sexual — o 69. Você há de concordar: a postura é ingrata, a vista não é das melhores, e sem a devida cautela pode-se sair com um pinçamento na cervical. Além do mais, por que a pressa, por que tudo ao mesmo tempo? Parece coisa de culpa católica — é dando que se recebe, dê ao próximo o que deseja para si. Pessoalmente, considero aquela atividade frenética em ambas as pontas totalmente desnecessária e, por que não dizer, ineficiente. Não é possível a criatura executar com primor uma função que requer coordenação, dedicação e técnica, enquanto tenta relaxar para usufruir o que lhe acomete na outra extremidade. Sim, porque uma coisa é uma coisa e a outra coisa é outra coisa! E não venha me dizer que tudo corre naturalmente e que é só meter a cara (no sentido figurado, claro) que sai direito. Não sai! O negócio exige um estudo rigoroso da anatomia do outro. É imperativo que se saiba o que está onde para entender o que fazer por ali, e vale para parceiros de todos os sexos, independente da ponta (mesmo que convexa) em que se esteja. Também não se pode deduzir que a prática da coisa por si já ensine. Há quem pratique a vida inteira e, não tendo se dado ao trabalho de observar os detalhes da questão, passa a vida fazendo serviço malfeito. Outro fator que não ajuda é proximidade com o assunto, que, num excesso de entusiasmo, pode causar a asfixia fatal do parceiro. Menos grave, mas não menos constrangedor, é o caso do sujeito com a vista cansada, que, nessa situação, tem que contar exclusivamente com a sensibilidade *linguolabial* — não quero discriminar ninguém, mas todos sabemos como há no mundo, inclusive sem problemas de vista, criaturas desprovidas desse requisito. E há ainda o caso dos obesos, que, por excesso de volume, simplesmente não conseguem atingir as marcas. Por último, quero lembrar que a reciprocidade, grande objetivo da postura, é raramente atingida, posto que tem sempre um sujeito ali largadão, enquanto a outra está dando tudo de si. E vice-versa, e versa-versa. E vice-vice também, eu suponho.

O Kama Sutra propõe nada menos que 529 posições pra se experimentar na hora do amor e eu não estou aqui pra desestimular a criatividade de ninguém. Mas, não sei se por preguiça ou por ter amado homens de muita aptidão, ainda considero o trivial bem-feitinho algo de insuperável.

•

Peru de Natal

Tarde ociosa, almoço regado a cerveja, batendo perna com uma amiga, passamos em frente a uma loja de artigos sexuais. Sex shop. Bonecas infláveis, roupa de enfermeira, calcinha furada, e uma batelada de objetos que eu não fazia ideia de como utilizar. A amiga quis entrar. Para esclarecimentos. Não sou nenhuma inocente, aos 40 ou você é bem resolvida sexualmente ou dificilmente será. Mas, já tendo me entendido com a matéria, sou do tipo que, com um homem apaixonado a bordo, a proa do barco está naturalmente direcionada para a alegria, independente dos artifícios que se use ou deixe de usar.

No entanto, a curiosidade... Entramos.

Outro mundo. Detive-me de forma concentrada no setor de "paus". Eram muitos, de todos os tamanhos e cores. Finos e longos. Grossos e brancos. Negros com bolas, com pelos, sem pelos, com e sem vibrador. Uma infinidade de pintos para gostos variados. Olhava aquilo com interesse quase científico quando interrompeu-me a amiga:

— Nunca se sabe, hein, num momento de carência pode jogar um bolão. Você dá um nome, vai se afeiçoando, se identifica.

Pois eu havia me identificado com um membro que parecia mesmo ter a ver comigo. Branco, caucasiano, tamanho bom, um pouco grande talvez, mas maleável, enfim, simpático. Levei para casa. E deixei num canto qualquer. Dias mais tarde lembrei-me do troço que não podia ficar jogado por ali, a empregada poderia ver... Desembrulhei. Quando vi a coisa fora do contexto, fora da loja que era cheia daquelas coisas... ele era enorme! Eu sou pequena. Era uma aberração. O que eu pensava que ia fazer com aquilo?

Não tinha como jogar no lixo. Os meninos da limpeza do prédio podiam encontrar. O lixeiro perguntaria de qual apartamento havia saído. Escondi. Dentro de uma bolsa que também não usava havia anos.

Pois há uma criatura que presta serviços de organizadora em minha casa. Organiza de álbuns fotográficos a calcinhas no armário. Faz tudo, conversando muito. Passo por ela e puxo um assunto, ela interage sem perder o fio da arrumação nem da conversa. Só uma vez vi a Teca se desarticular. Entrei no quarto e ela lá abrindo e fechando bolsas. Colocava as alças para dentro e recolocava no armário por ordem de cor e tamanho. De repente uma pausa. O corpo dela deu uma meia trava, parecia ter deparado com uma tarântula peluda.

— O que foi, Teca? — Ela me olhava fixamente sem dizer nada. — Fala, mulher, o que te deu?

Teca reabriu a bolsa que havia fechado abruptamente (para não sair a tarântula talvez) e tirou de dentro... Pois é. Estava imenso, parecia ter crescido durante o período de hibernação.

— Maitê, eu arrumo esse armário faz tempo e *isso* está aqui há três anos. Você não usa. Olhe só, está novo, na mesmíssima posição em que sempre esteve. Nós podemos dispor disso, não acha? É péssimo feng shui ter certas coisas em casa e não usá-las. — E balançava *isso* no ar como se eu já não o tivesse visto perfeitamente.

— Você tem razão. Não uso mesmo. Não tem como usar, concorda? Me dá aqui, coitado...

A época era de Natal.

Embrulhei o Fred (achei que ao menos para a despedida merecia ser batizado). Pois embrulhei bem bonito numa caixa com laço e enviei para uma amiga com um cartão escrito — "Seu peru de Natal".

Recém-casada, ela preparava a ceia para a família de ambos os lados — iam se conhecer, sogras, sogros, filhos e tudo o mais. Nada mais apropriado para a confraternização que uma data como Natal... Atarantada com a organização da festa, recebeu o embrulho e deixou por ali para abrir mais tarde.

O marido, para agradar os filhos dela, que eram pequenos, e o dele, que passava fins de semana com ele, havia há dias adquirido um lindo cachorro de quatro meses todo branco e peludo. Uma graça.

O jantar corria magnificamente. Velas na mesa, comida perfeita, talheres de prata, flores e certa tensão cerimoniosa ainda entre as famílias que começavam a se conhecer, naquele clima de gente "bem" quando quer impressionar.

Lá pelas tantas nosso cão ártico entra na sala lindo e lampeiro. Centro das atenções, pula muito e abana o rabão em deliciosa demonstração de alegria canina, o melhor amigo do homem. "É apenas um puppy, que fofo", dizia a sogra de minha amiga, "mas o que é aquilo que ele tem entre os dentes?"

Na mesma noite, com a delicadeza que os homens têm ao se sentirem atacados em sua virilidade, o marido colocou minha amiga no olho da rua.

É possível que as coisas já não andassem bem no casamento, não importa; dali tirei uma lição que agora passo adiante:

Peru de Natal como presente, só aquele que faz glu-glu.

Mas se, depois desse relato, alguém ainda considera ter o seu próprio dildo de plástico, um conselho: é como calça jeans. Se você avalia pelo espelho da loja, se acha esguia e poderosa, e compra aquele jeans que vai lhe atochar e que você não conseguirá usar. Portanto, fique atenta na hora de adquirir seu exemplar. Olhe-se antes, perceba-se e adquira aquele que servirá confortavelmente, como o james-jeans antigo, surradinho de todas as horas e batalhas. Assim também é com o pinto perfeito, seja de plástico, ou do modelo antigo, aquele que ainda vem com um homem atrelado atrás em carne e osso.

•

Toques de mulher

Na semana do Dia Internacional da Mulher onze dicas para ajudar os homens a lidar com suas metades:

— Só pergunte a uma mulher se está grávida caso esteja na mesa de parto, pernas pra cima, empurrando o bebê pra fora.

— Mexer no seu dildo em púbico é feio. Fique tranquilo, ele não vai cair dali. O pior que pode acontecer é não funcionar na hora da demanda, mas, se você se comportar bem, nós prometemos ajudá-lo no momento de apuro.

— Cuecas puídas e ou furadas são abomináveis.

— Dormir pelado de meias é o método anticoncepcional mais seguro que existe.

— Nada dá mais tesão do que uma boa conversa (não confundir com discutir a relação).

— Sussurre palavras de amor — o ponto G está nos ouvidos, é perda de tempo procurá-lo em outro lugar.

— Fale da sua tia, de suas glórias infantis, mas poupe-nos de suas conquistas anteriores.

— Um homem que se interessa pelo mundo é muito mais atraente do que aquele que só se interessa por nosso bumbum (por mais lisonjeiro que isso possa parecer diante da bunda em questão).

— Assim como vocês, nós fingimos intensidade na hora do amor. Mas não se preocupem, é só pra incrementar a coisa. Depois, assim como vocês, nós muitas vezes gozamos.

— Se não teve sensibilidade para perceber, não pergunte: foi bom pra você? Falar a respeito só durante — acabou, mude o disco.

— Encare nossa vagina como o play da sua infância. Há muito o que fazer por ali. Dê voltas, retorne ao brinquedo principal, solte-se, dê mais voltas, olhe em torno, varie. Ficar num brinquedo só irrita. Se tudo der certo, você nos levará ao País das Maravilhas, mas, se não acontecer, desista, faça outra coisa — não sabe brincar não desce pro play.

•

À caça

Às voltas com uma discussão sobre o macho moderno, me pus a defender a caça num programa de TV. Disse que nós mulheres ganhamos tanto espaço nas últimas décadas — espaços que foram redutos dos homens — e que, enquanto avançávamos, os rapazes ficaram a observar perplexos esperando que aquilo fosse uma marola (e não o grande movimento transformador que virou). Os gajos estão tontos sem ter onde manifestar sua masculinidade, não têm mulher para detonar, não têm boi para laçar, não se enfrenta um javali para o sustento da família, nem duelos de morte em defesa da honra. Sugeri que os rapazes empreendessem a caça: faria bem a todo esse lado primitivo primordial deprimido. E então soltei a frase: "Se o desorientado do Bush caçasse, não teria invadido o Iraque e o Afeganistão, e as torres não teriam caído."

Pronto!

Todas as sociedades de proteção aos animais, dos carrapatos aos unicórnios, pularam em cima de mim. Gente que possivelmente aprecia uma picanha, um franguinho de granja, um robalo asfixiado aos poucos nas redes de pescadores.

Pois vamos lá. A caça, antes de ser um esporte ou distração, é uma atividade milenar do homem. Uma atividade econômica e de sobrevivência. O homem foi caçador, antes de ser agricultor ou criador de gado. Nas tribos primitivas da Amazônia, os índios vivem ainda hoje sobretudo da caça e da pesca, e toda a organização econômica, social e política deles está feita em torno disso. O homem caça para dar de comer à família, fazendo o que todos os outros animais fazem na natureza. Como disse Woody Allen, "a natureza é um imenso supermercado onde se caçam todos uns aos outros".

É claro que, com o tempo e nos países desenvolvidos, a caça deixou de representar uma necessidade econômica, para ser uma forma de lazer, embora, mesmo em regiões da Europa, ela ainda represente um importante complemento alimentar. Mas o fato de a caça ter se tornado um esporte e não mais uma necessidade evidente não faz com que os cromossomos do caçador se tenham extinguido, assim como não apaga o ato cultural que a caça representa. Só aqueles que nasceram, cresceram e vivem nas cidades, aqueles que não sabem como funciona a natureza, o campo e o mato, é que não conseguem entender a íntima relação que existe entre a natureza e a caça. A história da pintura, da literatura, da música, da escultura está repleta de exemplos de obras ambientadas na caça — Picasso e Hemingway, para não ir mais longe. Picasso manteve, a propósito, uma polêmica pública com o filósofo espanhol Ortega y Gasset, que era adversário da caça, com os argumentos clássicos da brutalidade etc. Anos depois e após ter decidido estudar a sério o assunto, Gasset escreveu um livro em que se retratava, *Sobre a caça e os touros*.

O que mudou ao longo dos tempos, e com o fim da necessidade econômica da caça, foi a necessidade de ela deixar de ser um "bem livre" e passar a ser organizada. Conheço pouco o funcionamento da coisa em nosso país, mas na Europa, que pode nos servir de modelo, onde eu mesma já participei de caçadas, a caça desportiva é uma atividade economicamente relevante, sobretudo para as populações rurais, dando-lhes emprego, fixando-as nos campos, forçando-as a manter a agricultura (porque só há caça onde houver agricultura e sementeiras para as aves e outros animais se alimentarem). Há, para além da agricultura em função da caça, dos guardas-florestais, dos "batedores" e todos os outros que trabalham diretamente numa caçada, uma infinidade de pequenos hotéis, restaurantes e lojas de província que vivem da passagem dos caçadores e, se isso acabar, seus funcionários e proprietários estão condenados a abandonar as terras e ir procurar emprego na periferia das grandes cidades — cada vez mais desumanizadas e inabitáveis.

Por isso, porque se tornou uma atividade econômica importante, a caça está hoje organizada em toda a Europa. Não apenas o interessado precisa de licenças e de passar em exames para tornar-se caçador, como também é responsável pela própria existência do animal de caça: ou criando-o diretamente ou pagando a quem o faz. Isto implica tratar do terreno da caça, limpá-lo, cuidá-lo, semeá-lo, construir comedouros e bebedouros para os bichos e controlar a sua existência, de uma época para a outra. O sujeito não mata o que quer, mas o que pode: é o dono ou o grupo de caçadores que explora um terreno que determina, em cada ano, qual o limite de cada espécie que se pode caçar, sob pena de essa espécie se extinguir no ano seguinte. Porque a regra essencial é manter o equilíbrio entre as espécies. Mesmo a caça grossa da África, que tanta impressão faz às pessoas, obedece a estas regras: organização, controle das espécies, rentabilidade econômica para as populações locais. Ao contrário do que alguns julgam, não é qualquer um que pode ir matar um elefante na África. Primeiro, tem de se inscrever numa organização de caça local e comprar a respectiva licença, que anda em torno de 8 mil dólares por elefante — mais as despesas com a estada, os extras, etc. Depois, não mata o que quer, mas sim o elefante que as autoridades locais selecionaram — sempre um macho, já velho e fora da manada. E esta é a maneira civilizada de controlar a espécie, não deixando matar demais, mas matando o necessário para manter o equilíbrio entre as espécies e, ao mesmo tempo, fazendo disso uma atividade econômica que, no caso de muitas populações africanas, é quase a única fonte de rendimento disponível. Há alguns anos, o presidente Mugabe (que só faz asneiras e destruiu a agricultura no Zimbábue) resolveu proibir a caça ao elefante. O resultado é que, em dois ou três anos, o excesso de elefantes começou a tornar a vida insuportável para as populações rurais, destruindo as colheitas e atacando as próprias aldeias. Então, o presidente quis atrair caçadores às pressas, mas, como as organizações que o faziam haviam ido embora, teve de pedir ajuda a um organismo internacional qualquer, que veio dizimar os elefantes em excesso com uns sujeitos de helicóptero disparando balas envenenadas por cima da cabeça dos elefantes, que morriam lentamente.

Amigos caçadores me dizem que o prazer da caça não está em matar. Está, acima de tudo, na fusão com a natureza, na compreensão redescoberta de como funciona esse mundo de que tantos falam e que tão poucos entendem. Perceber o que é uma linha de água, mesmo que não visível, como se deve caminhar no mato, como se faz uma emboscada, que frutos e que raízes podemos aproveitar, distinguir o canto e os hábitos dos animais, ver o estado das culturas, enfim, todo esse lado primitivo e primordial de Robinson Crusoé, que muita cultura urbana já matou dentro da grande maioria de nós — e é por isso que há crianças na cidade que não sabem que o frango tem penas, que o ovo vem da galinha e que os morangos não nascem numa árvore mas no chão. No fim de tudo, sim, resta ainda o prazer do tiro — não porque se matou, mas porque se acertou no alvo. Se isso é crueldade, eu pergunto o que será a matança doméstica do porco ou do galo a facada, ou a matança das vacas num matadouro e a morte lenta de um peixe num anzol ou asfixiado aos poucos numa rede de pesca? Será que os defensores dos animais sabem como se faz o foie gras, como se extrai o caviar do esturjão ou, mais democraticamente, como se criam frangos num aviário? Ou será que sabem como morre uma perdiz na boca de uma raposa ou de uma águia? Eu, se fosse ave, preferia viver no mato como uma perdiz brava do que viver num aviário como um frango, e preferia morrer fulminada por um tiro do que decepada por uma guilhotina mecânica.

Ou, como reza um poema de Sophia de Mello Breyner, mãe de meu amigo e caçador Miguel Sousa Tavares:

As pessoas sensíveis não são capazes de matar galinhas,
Porém, são capazes
De comer galinhas.

É uma luta perdida, impossível vencer o politicamente correto. Mesmo assim, insisto: cacem, rapazes, exercitem instintos ancestrais, soltem seus bichos internos à captura de outros animais. Esgotem-se nisso. Pela alegria, pelo prazer da brincadeira, e sim, pela paz!

•

Por um macho viril

É muito chato ter que passar a vida correndo atrás de um tipo que teu corpo não tem inclinação para ser. É muito chato qualquer coisa que vá contra a natureza e que a gente se flagra fazendo pra agradar a um bando de tontos. É muito chato se perceber suficientemente tonto pra isso. Mas a gente é fútil e a pressão é forte. O jornal de hoje avisa, como se não houvéssemos percebido, que o novo padrão de beleza é o da mulher esguia, de pele clara e olhos idem, com o jeito de mexer gingando e um sorriso de vem cá meu bem. Ou seja, o que anda chamando para o sexo é a mistura de um visual europeu com molejo brasileiro. Porque essa fissura com bonito e feio é toda em função de se fazer sedutor para o outro, uma ideia fixa que parece vir do berço — a gente já nasce chorando e deve ser pra seduzir a mãe. E pra quê? Pra conseguir um peito. Não é para sexo o peito, não propriamente, mas não deixa de ser um peito o primeiro objeto de nossos desejos, e não, por exemplo, um menos erótico dedo ou cotovelo.

Pois eu não vejo a hora de me livrar dessa propensão erótico-compulsiva. Uma amiga diz que agora, aos 70 anos, se sente conciliada com o que é. Está feliz, e sabe por quê? Não se interessa mais por sexo.

— Passei a vida seduzindo as pessoas, gastei-me nisso. Agora sobra tempo pras coisas de que realmente sempre gostei. Converso com os amigos desinteressadamente, leio tudo que não consegui quando tinha que estar em todo lugar, ando por aí observando o mundo, e transo também *se* der na telha, em geral não dá.

Minha amiga não está fazendo a apologia da velhice porque ficou velha. Apenas, quanto ao sexo, sublimou-o porque percebe agora que tem coisa melhor a fazer! Além disso há outros pormenores, mas já chego lá.

Estive no coração da Amazônia com um companheiro lindo e alto (como exige o padrão). O índio que nos guiava, olhando para aquela tradução masculina de perfeição urbana, disse que não gostaria de tê-lo como amigo, porque ali na floresta com aquele tamanho ele só ia atrapalhar. O bonito lá é ser pequeno e meio pardo, pra passar despercebido, desvencilhar-se da mata, e correr com agilidade. Bonito é levar caça pra casa, e ter saúde e força na medida suficiente para servir aos seus, nada a ver com o tamanho do bíceps, do tríceps, ou metragem de perna. O índio bonitão tem desejo sobrando na ponta da espada pra fazer indiozinhos sem fim, numa morena que conhece desde o dia em que nasceu. E a novidade fica por conta do jeito como ele vai pegar na coxa dela, do cheiro que sairá de suas bocas na hora da vontade, e do suor que irá pingar no mexe-mexe.

E pensar que os rapazes da cidade andam suando a insegurança em academias de vaidade, pra caçar gatas siliconadas, lipoaspiradas e quimicamente alteradas, que gozam mais fácil olhando pro espelho do que em suas companhias. Cadê aquele macho de outrora que gostava de mulher? De mulher mesmo do jeito que a natureza fez? Mulher de imperfeitas feminilidades, uma diferente da outra, mas todas cheias de truques que invariavelmente se desvelavam na intimidade do amor. E quem ligava pra isso? Ninguém! Eram tempos de virilidade e tesão. Pois se foram, minha gente. A próxima geração de mulheres, pra não decepcionar os machos de agora, terá de vir transgênica. Será uma mulher geneticamente manipulada com panturrilhas, peitos e bundas já siliconados e todo o resto lipoaspirado, inclusive o cérebro, que é pra não ameaçar ninguém.

Reconheço que ficou difícil pra você, macho urbano, mostrar-nos sua virilidade. Faltam oportunidades. Verdade também que você é sofisticado e tem a vida bem mais complexa que a do índio de minha história ou a de um macho rural com suas quatro certezas e não se discute mais isso. Além do mais, ser viril onde, se não tem caçada, não tem lança, nem tem boi pra derrubar? Lá vem você com seu carrão de 270 cavalos, quando uma mulherzinha lhe atravessa a preferencial. Sua macheza recolhida quer correr atrás, pegá-la pelos cabelos e passar-lhe a tropa em revista pra que aprenda a ver quem é que manda aqui, poxa! Mas a civilidade o obriga a sorrir cavalheirescamente, enquanto enfia 270 rabos entre as pernas e vai deixando por isso mesmo. Não é justo, meu macho, afinal, quem manda aqui é você, sempre foi e sempre será! Se eu jurar respeito à sua superioridade, você jura que não me deixa partir pra sublimação sexual? Jura que seu instrumento se elevará diante do meu desejo despido e meu corpo à vontade? E posso ser uma mulher de imperfeita verdade?

Pois então eu juro! (Com os dedos cruzados de verdade.)

•

Fraturas

Adoro gay

— Eu adoro gay!
— Como assim, minha filha, quem você conhece que seja gay?
— Todos os seus amigos, e os meus que ainda não têm idade, mas que serão.
— Como todos os meus amigos?
— Mamãe, acorda, você está lentinha, um gay já teria entendido. Tô falando dos seus amigos que são gays, e dos meus, que serão porque tá na cara. Eles gostam de conversar com as meninas, são engraçados, rápidos, vão às compras com a gente, dão palpite na roupa, reparam em detalhes fundamentais, e só recomendam filmes que prestam. Os outros meninos gostam de futebol.

Essa é a opinião de minha filha de treze anos. E juro que não é influência minha, apesar de concordar com quase tudo. Aliás, parece que o mundo concorda. Nunca se viu tanto gay assumido e com fé, e nunca se viu tanta tolerância com isso. Estive em Buenos Aires recentemente e fiquei choquito com a quantidade de bicha chique circulando por *las calles*. Existe um turismo gay correndo em paralelo, cheio de redutos *gay-friendly* (o termo não é meu e é sinal dos tempos) para apoiá-lo. São bares, restaurantes, lojas, boates, até casa de tango, aquela dança maravilhosamente chauvinista em que o homem subjuga a mulher, aquela coisa de macho, sabe? Pois é, agora existe, só pra rapazes. O mercado descobriu os gays! E os gays, encantados, responderam com um furor consumista muito acima do esperado. Eles têm dinheiro pra gastar — não têm filhos, e, em geral, num casal ambos trabalham. Gostam da rua, da balada e têm tempo e espírito pra isso. Gay não é quietinho, difícil encontrar um, parece que, uma vez saídos do armário, querem se exibir pro mundo com orgulho e alegria. Com o senso estético apurado, o apreço por boas roupas, o amor aos acessórios, a cremes, perfumes, loções, vinhos de qualidade, ambientes bem decorados e cidades sofisticadas, esses meninos, agora mais soltos, fazem a festa por onde passam.

Mulher gay já é outra conversa. São corporativistas, vivem em guetos e gostam de outras gays. Não gostam de homens e gostam de mulheres, mas com restrições — se forem peruas, por exemplo, já não gostam. Bebem muito, têm seus bares, suas músicas (Bethânia, Cássia, Ana, Simone, Zélia...), vestem-se com o que lhes esconda as formas, e andam de perna aberta. Até de bicicleta, repare só, mulher hétero pedala de perna junta, enquanto elas vão felizes de coxão em V pelas ciclovias. Briguem comigo não, amigas, vocês sabem que, quando a coisa aperta no amor pelos moços, só vocês me entendem, e um dia, quem sabe, ainda mudo de lado. E pra levantar, não há como negar-lhes o talento administrativo. Coloque-as num cargo de chefia e observe. Incansáveis, concentradas, são organizadas, responsáveis, detalhistas, perfeccionistas e têm espírito de liderança. Estão cada vez mais na cabeça de grandes empresas e mandam como ninguém. Dizem os astrólogos, arrastando a sardinha, que essas características de ambos os lados se devem a desígnios dos céus. Mulher gay geralmente tem Marte forte com Vênus fraca, e homem gay, o contrário; Marte representando comando e objetividade, e Vênus a estética e a curiosidade por outras culturas. Aquela bichinha comissária presente em todos os voos está, portanto, explicada, o maquiador, o cabeleireiro, os decoradores, designers, figurinistas, camareiros, atores também. É gay pra todo lado, e já virou até refrão: tá faltando homem! A debandada é voraz, e, na ala de cá, os machos que restam estão cada dia mais acuados, sem graça, e com o entusiasmo na sola do pé. Sinto dizer, meninas, mas boa parte se deve a nós mesmas — estamos masculinizadas! Pois se andam abolindo até a menstruação... Coloca-se uma plaquinha aderente no corpo e a moça para de sangrar. Não tem mais TPM, cólica, inchaço, e até a celulite diminui. É perfeito, mas o romantismo, a possibilidade de procriar, o instinto maternal, as oscilações de humor, ou seja, tudo o que a faz mulher, ela também não tem. Então sai por aí no troca-troca desvairado, caçando homem feito homem, em nome de uma liberdade que não satisfaz. Ora, meninas, nós ganhamos tanto espaço, será que não é hora de aprender a lidar com a coisa? Esse faço, quero, aconteço e não dependo de ninguém tá chato. Sei não, mas sinto que um pouco de elegância e doçura — uma volta a delicadezas que sempre foram da nossa natureza — cairia feito uma bênção nesse momento de aperto.

•

Sedução

O bebê chora, a mãe vai correndo colocar um peito de leite quente na sua boca, e deu-se o início do jogo de sedução. Ele então chora porque está claro, porque está escuro, porque está molhado, porque quer brincar, e por aí vai. E o carinho vem, no embalo do amor materno. Eu também, se pudesse, faria até hoje, você não? Pois a gente faz, seduz do dia que nasce até o dia do fim. Pra não dar na vista, vai aprendendo a sofisticar a coisa. É que a coisa não serve só pra chamar a mamãe ou, mais tarde, pra namorar. A gente usa pra atrair amigos, por uma risada, uma conversa fiada, para fazer negócios... é da natureza dos bichos gregários que somos. Li por aí que as táticas de atração não mudaram desde nossos ancestrais, gostamos das mesmas coisas que atraíam nossas tataravós e fazemos as mesmas gracinhas que provocavam tesão no vovozinho da vizinha. Apenas, hoje, os recursos para continuar bonito e gostoso multiplicam-se pela hora, e a gente corre atrás, desvairada, pra não perder seja lá o que for.

Essas moças chinesas, por exemplo, que encompridam a perna por meio de cirurgias dolorosíssimas. Parece que os ossos, depois de sucessivas fraturas e recalcificações, sofrem um processo de osteoporose que deixa a perna frágil a ponto de quebrar andando na rua. Aí, como disse minha filha, "pra que ficar mais alta se vai passar a vida sentada?".

A Demi Moore é outra. Tudo bem que a mulher está um colosso. E tudo bem também que ela tenha gastado os tubos com isso, já que os tubos eram dela e ela os tem sobrando. Mas foram horas de cirurgias complicadíssimas! Se for contar corrido, a criatura deve ter passado um ano anestesiada, e isso não pode fazer bem pra ninguém. Nem para as deusas.

E a Carolyn Bessette, aquela elegantíssima, mulher do John John Kennedy? Soube que antes de morrer a linda passou a tarde num salão de beleza trocando a cor da unha. A pedicure não acertava o tom de lavanda de que madame fazia questão. Alguém ligava para seu celular avisando que o avião que a levaria a uma festa de casamento estava esperando, e que ela se apressasse, para voar em melhores condições. Mas Carolyn preferiu *fazer a passagem* de unhas irretocáveis. Afinal, considerando-se a ocasião, tão importante...

Quando fui a primeira vez ao Marrocos, devia ter uns 18 anos. Estava passeando pelo mercado em Marrakesh e ouvi de um menino: "Uma mosca por uma noite de amor." Ele vendia umas coisas pretonas meio azuladas, e eu pensei: "Ora ora, afrodisíaco só funciona em filme de época." Mas o moleque garantiu que o negócio era poderoso. Meio de chinfra, levei oito. Me enfiei num botequim, pedi um *cous-cous* pra não ter que engolir aqueles nojos a seco, misturei tudo e mandei. Na época eu não era muito afeita às coisas do sexo. Achava chato. Aliás, só fui me entender com o bom da história lá pelos 25. Mas eu tinha um namorado que era muito afeito. Ele estava me esperando no hotel e eu queria impressioná-lo. Por uma vez na vida seria aquela fêmea toda instinto, meio capa da *Nova*, uivando de um prazer selvagem que eu nunca chegava perto de sentir. Nós estávamos viajando sem grana, hotel fuleiro, e o banheiro era do tipo que tinha um buraco no chão fazendo as vezes de vaso sanitário. Pra encurtar, lá pelas tantas o negócio bateu, e bateu firme. Minha sensibilidade *ali* ficou de tal ordem que por umas doze horas não dava pra encostar nem brisa de ar. A única coisa que proporcionava alívio *ali* era fazer pipi por *ali*. Mas pipi, como se sabe, acaba. Eu então passei a noite de cócoras, esperando e esperando por um próximo momento de efêmero relaxamento. De cócoras, gemendo, mas não de prazer, eu implorava ao namorado que fizesse alguma coisa por mim. E ele, perplexo, respondia: "A única coisa que posso fazer, Maitê, você já disse que nem pensar."

Bem que o menino tinha avisado: UMA mosca. Mas no afã de seduzir...

•

Esquisitices

Outro dia me apareceu uma criatura, amiga de colégio que eu não via desde então. Estava no Rio, queria me encontrar. Por sugestão dela, marcamos numa pizzaria. Olhei em volta no bar, nas mesas, e não percebi qualquer um que se parecesse com minha colega. De repente Ana pulou na minha frente — susto —, eu a vira setenta quilos atrás, estava imensa, era assustador. Tentei ser natural, usando minha coleção de sorrisos amarelos para-momentos-de-aperto. Sentamo-nos numa mesa do restaurante que servia em sistema de rodízio. A moça era ansiosa, esquisitona, barbada, e eu estava metida num belo programinha de índio (sem desmerecer os rapazes da tanga, raízes de nossa pátria). A coisa ia durar, resolvi, para enriquecer o momento, contar a quantidade de pedaços de pizza que minha colega engoliria naquela noite. Havia uma tendência ao exagero, mas jamais teria imaginado... Ana, minha amiguinha de colégio, botou goela abaixo 29 pedaços bem servidos. Misturava calabresa com pizza de chocolate numa sem-cerimônia de corar rei momo. Saí do encontro balançada. Não tenho nada contra gorduchos, que comam se lhes traz prazer, nem todo mundo quer o corpo da Cindy Crawford. Só que no caso de Ana havia algo além do prazer.

Pus-me a pensar nas compulsões. O que leva a pessoa a se entupir de álcool, por exemplo, quando o estômago já está satisfeito desde a terceira dose? Tenho amigos que bebem furiosamente há anos, mantendo a aparência milagrosamente intacta numa espécie de efeito picles. São os compulsivos conservados. E há as compulsões que moram do outro lado dos excessos. É o caso das anorexias, da bulimia e das drogas que levam o sujeito pra Marte, tirando a fome e encobrindo as necessidades do corpo.

Parece que nos compulsivos há o desequilíbrio de um hormônio que avisa quando o corpo está satisfeito ou o contrário. Faz sentido, e pode ser que esteja surgindo aí uma explicação química pra tanta ambiguidade.

Também tenho minhas esquisitices, e não são poucas. Tenho insatisfações e coisas que gostaria mas não posso consertar. Gostaria por exemplo de ter mais 5 centímetros de perna, ou a cintura da Marylin, e cultura, ah sim, muito mais cultura — como seria bom lembrar qual das Natashas me comoveu mais, se a do Tolstói ou a do Dostoiévski, mas a memória fugiu e levou tudo com ela. Sobram lembranças bestas nos buracos negros onde antes viviam os livros e as filosofias que fizeram a minha cabeça. É triste, mas nem por isso meu corpo pede oito cheesebúrgueres para preencher as lacunas. Se ao menos minhas frustrações servissem para ajudar a compreender os abismos do outro, a enfermaria do lado... mas que nada.

Então, já que o que reside além do próprio umbigo é mistério do campo das especulações, resta-nos celebrar as diferenças. Sugiro a criação de um dia mundial do desajustado. Que saiam às ruas gorduchos infelizes, magrinhos carentes, ansiosos e frustrados de toda espécie. Que se libertem as Anas de nossas infâncias, os compulsivos e obsessivos, malucos e caducos. Que se soltem os diferentes num grande carnaval do desajuste, e exponham-se orgulhosamente pelas ruas deste mundo. Que a festa seja libertadora!

E se nesse dia sobrar alguém que não se encaixe em categoria alguma, então, que do alto de sua solidão atire-nos a primeira pedra.

•

Bom caimento

Acabo de comprar, chego em casa, coloco em frente do corpo, experimento. Magnífico. Dia seguinte, antes que tenha a oportunidade de usar, percebo minha filha, 21 anos, esplendidamente embrulhada no próprio. Como lhe cai bem. De noite provo a peça outra vez para confirmar a impressão inicial, já que depois de vê-lo em Maria pareceu-me outro vestido. O espelho é peremptório: aquilo não funciona para os meus contornos. Mas se ontem parecia perfeito... É assim mesmo, acontece durante a noite, enquanto dormimos; pedaços de carne, gorduras inescrupulosas, pequenos depósitos molengas e disformes colam-se ao corpo, sem que tenhamos feito nada pra adquiri-los. De uns tempos pra cá ficou perigoso dormir. Não tem a ver com comida, nem com o vinho do jantar, ou o suflê de chocolate que provei só pra tirar o salgado da boca, sempre fiz isso sem consequências. Agora mudou. E se pra você não aconteceu, se está pensando que isso não lhe diz respeito, não se anime, acontecerá. Ouvi falar de uma lipo — último grito — com infiltração de poderoso líquido encolhedor da pele, que é aplicado logo após a sucção. Dizem que faz milagres. Em magras com sobras, some tudo!, disse a amiga que experimentou. Fui conferir, e de fato funcionou, sua barriga estava côncava como a de um cão de rua. Lamentavelmente a moça se encontra curvada, praticando, havia meses, dolorosíssimas sessões de fisioterapia pra poder voltar à posição de origem. Não. Não tenho tempo ou disposição. Haverá outra maneira? Qual, além do "dane-se", posto que não atingi tamanha sabedoria? Alguém tem a dica que permite seguir uma rotina minimamente funcional?

Ocorreu-me o uso de um disfarce, já que nesses trópicos escaldantes não daria para apelar para a burca, nem o xador, sua versão mais arejada. Talvez o segredo esteja em se desviar o foco daquilo que já não encanta (partes do corpo que no passado fizeram a alegria da moçada, atenção, não o fazem mais!), para regiões de menos risco. A dignidade impõe uma mudança de estilo, e para escolher novos modelos é imperativo aguçar o senso crítico. Perceba que alguns artigos do vestuário já não prestam serviço: camiseta justa, saia mini, vestidinho *evasé* e blusa de manga bufante, melhor evitar. No setor comportamental, jogar o cabelão pra lá e pra cá também não contribui. Se não consegue abolir o trejeito, corte o cabelo e evite constrangimentos. Pra quem tem a sorte de viver com uma filha de vinte pela casa, use-as, a sorte e a filha: servirão como medidor de ridículo. Não fossem os comentários (quando foi que se tornaram tão repressoras as crianças?), bastará a menina vestir qualquer uma de suas roupas e, no ir e vir da bela figura, você compreenderá pelo avesso quais são as peças a serem eliminadas, não só do armário de vestimentas, mas, sobretudo, aquelas que precisam sair das prateleiras do comportamento. Assim como no gestual do cabelo, também na saúde, na doença, na alegria e na dor, com toda a veste emocional, para cada fase da vida há o que dá bom e mau caimento. Mas isso é conversa comprida, e já vai enroscada demais para um texto que se pretendia leve. Vamos deixar pra outros dedos de prosa.

•

Papo de copo

Moça: — Tô bebendo pra caramba, não consigo parar, acho que sou alcoólatra.

Homem: — Qual a sua bebida?

Moça: — Cerveja.

Homem: — Ah, mas com cerveja o caboclo nem desce.

Rapaz: — Desce sim, e vem acompanhado de uma pomba-gira gay. Outro dia levei pra casa um moço, me fartei com ele e na manhã seguinte, não satisfeito, ainda acompanhei a criatura ao trabalho. Quando vi, tava de cuecas numa cerimônia do Corpo de Bombeiros fazendo discurso pela liberdade de expressão. Parei de beber ali.

Moça: — E essa cerveja na sua mão?

Rapaz: — Pois é, voltei. Tava ficando caladinho, triiiste...

Homem: — O problema não é a bebida. É uma questão de liberdade interior, se tu tem, esse povo careta não te compreende.

Moça: — Isso é mesmo. Na maior parte do tempo você tá ali inofensivo, rindo à vontade e vem aquele sujeito implicante, com inveja do voo, pra julgar sua alegria.

Homem: — E a gente bebe pra voar. Se eu tenho que parar na terceira dose, volto pra casa de asa quebrada.

Rapaz: — É o encurtamento dos espíritos, messsquinharia das almas...

Homem: — Já rebarou como o bovo anda maledicente? Cadê a alegria de ser brasileiro? Onde foi parar a graça, as virtudes que a gente via nos outros?

Moça: — É a imbotência, meu caro. Não tenho como sair da minha situação miserável, então eu relativizo, pioro os outros pra eu crescer.

Rapaz: — Estamos na gestão da escassez, que merda, hein?

Moça: — Zó bebendo...

Rapaz: — Garrçom! Outra rodada.

Homem: — Mas eu não tenho problema com a bebida. Como dize o Keith Richards, meu problema é com a bolícia. Outro dia fui fazer um bipizinho engostado na árvore, como a gente vê tanto por aí, e a polícia veio tirar satisfações.

Rapaz: — Tava de carro?

Homem: — De táxi. Pedi pro votorista zar uma parada, eram três da manhã, eu metido num pinguim, o gara compreendeu. Tô ali eu e Deus, e me vêm os guardas, garamba!

Rapaz: — E aí?

Homem: — Aí nada. Molhei a mão deles e entrei de volta no táxi.

Rapaz: — Gambada de usurbadores! É na política, na bolícia... Buxa, gente, às vezes bate uma solidão, me sinto tão ingombreendido nesse mundo hostil.

Moça: — Eu também. E a gente vai buscar gompanhia no amor, mas a solidão só faz aumentar. Comecei a sair gum vulano que não era artista. O sujeito chamava figurino de uniforme, refletor je holofote, ensaio de trreino e estreia de inauguração. Er-ra desalentador...

Homem: — Desalendador... Zó bebendo. Garçom!

Rapaz: — Você falou no Keith Richards. Sabe que ano passado ele teve hospedado na gasa de um amigo beu. Diz que de manhã o gara faz tudo certinho, toma vitamina com frutas, leite, grra--noo-la, mas pra equilibrar mete uma zose de vodka.

Homem: — E o Mick Jagger? Perguntaram como ele vazia — com a vida que levou — pra ensinar os filhos a begar leve goas zroogas. Sabe o que o caara rezpondeu?

Moça: — Eu zei, escuta, eu zei. Ele jisse assim, *Kids, just look at Uncle Keith*. Hahaaha!

Rapaz: — Peraíea! Vocês zabiam que os Ro-olling Stones vão vazer ouutro jow no Braasil?

Moça: — Merrece um brinde! Viva o rooock eem roll!

Todos: — Vieva!

•

Fraturas

Tenho intimidade com consultórios médicos. Não que seja de saúde frágil. Além das doenças de infância, nunca sofri mais que uma gripe passageira. Mas fui me torcendo e quebrando ao longo dos anos. Quebrava ossos. Caía da escada, do cavalo, do carro, da moto. Uma briga na rua, um golpe no esporte, uma falta de sorte, e por aí foi indo. Fraturei coluna, fêmur, pulsos, nariz, dedos, pés, perna, tudo. Não criava juízo, e a mania de me quebrar foi virando parte da rotina da casa. Ninguém fazia muito caso, e sem heroísmos, sem quase perceber, fui me acostumando com cirurgias, fisioterapias e todos os efeitos colaterais da pessoa, digamos, energética que eu era. O tempo foi deixando cicatrizes, uns ossos entortados, mas no fim tudo acabava se colando e, por fim, voltava mais ou menos ao estado de origem.

Hoje, após tantos infortúnios ortopédicos, não cheguei a tomar jeito, porque o jeito é o que a gente tem de mais íntimo e isso não muda mesmo. Mas aprendi a prestar atenção quando me meto em situações de risco. Achei até que poderia contabilizar esse amadurecimento ortopédico como um dos pontos positivos dos meus quarenta anos. Tenho tentado encontrá-los — dizem que existem. Mas ainda não foi desta vez. Outro dia, andando de bicicleta pela orla, fui atropelada por um moleque, voei, aterrissei no pulso e... escafoide, três meses de gesso. Gesso, doutor? Aquela coisa antiga? Nem fica bem a esta altura! Pois foi aquilo mesmo que ele me colocou. Com a desvantagem de que hoje a coisa é de plástico e nem dá pros amigos escreverem bobeiras pra gente ler e passar o tempo.

É difícil encontrar as vantagens da idade. Nas entrevistas, as personalidades dizem: estou mais madura, mais sensata, sou menos angustiada e muito mais segura de mim. Mas segura de quê? Eu ando num baita balanço. Por que meus casamentos não duraram uma vida, por que não tive mais filhos, formando uma grande família feliz, por que não dei outro rumo à minha carreira quando choviam oportunidades, por que não fui mais gentil com as pessoas, por que não bebi menos e percebi mais? Por que hoje há tantos porquês onde antes havia apenas um dia após o outro?

Além do mais, como ficar segura se, mesmo cheia de saúde, não paro de ir a médicos? Se antes só conheci peritos em ossos, hoje os visito de todas as especialidades. Dermatologista, ortomolecular, endocrinologista — uma corrida contra o tempo nesta vida de clichês. Francamente, cansei. Vou me mudar para o Afeganistão. Lá sim eu serei querida pelo que sou. Digam o que disserem, é um país respeitoso da condição da mulher. Um socialismo estético, igualado pela divina burca, que, assim como o uniforme de escola, não permite distinções entre o rico e o pobre. Democrática, a burca iguala belas e feias, espinhentas e lisinhas, jovens e caquéticas. Viverei livre das cliniques e lancomes. Além do mais, estarei sempre cercada de amigas queridas, naturais e desprendidas de tanta futilidade. Seremos irmãs dividindo um mesmo marido — que lindo! Uma união sem cisões, sem fraturas no nosso harém de harmonia. Com o nosso marido querido... Querida... Maitê..., ei, Maitê querida, tá na sua cena. Acordou? Dá uma retocada no rosto, você tá parecendo um cachorro chinês.

•

Queijo suíço

Minha memória é um queijo suíço, a consistência tem bom sabor mas os buracos são muitos. Marquei consulta com um neurologista depois de ouvir da filha que, não fosse minha facilidade para decorar textos, era certo que tinha Alzheimer. Palhaça! Por via das dúvidas fui ao doutor. Ele disse que a vida é que se encheu de frentes, as frentes me dispersam e tiram meu foco, não minha memória, "quando você se encantar e for absorvida por um assunto, não vai esquecer". E o filme do Woody Allen a que assisti outro dia e que já não consigo contar pra ninguém? E o livro da cabeceira de que não me recordo nem do título? E a piada engraçadíssima cujo final saiu pra passear na memória de outro? Quantas histórias repetirei cem vezes nesse teste de paciência que hoje imponho aos amigos? Verdade que estes também recontam casos (sim, porque não vivo sozinha na ilha dos desmemoriados, há outros aqui, todos já tendo virado o Cabo da Boa Esperança, aquela lonjura onde Vasco da Gama assoprou cinquenta velinhas). Pois quando os amigos repetem histórias, mesmo aquelas de que fui protagonista, gargalho como se falassem do paquistanês da esquina. Naturalmente há ganhos... essa neblina que envolve o passado e confunde também lhe confere charme: a vida cruel ganhou contornos heroicos, momentos prosaicos envelheceram espertos, dores de amor viraram livros, desavenças perdoadas transformaram inimigos em irmãos. Ficou mais tolerável o passado, mais bonito.

Epa! Que onda nostálgica é essa? A verdade é que dá uma baita insegurança não contar com a caixa-preta. A engenhoca que sempre esteve disponível nos cinzas do meu cérebro abandonou-me no meio da viagem. Navego perdida num aviãozinho de papel, e ando fazendo papelões. Fui visitar uma amiga que se acidentou. Estava presente um casal, ele, um diretor da TV que me demitira tempos atrás, sendo desautorizado no dia seguinte, o que, obviamente, aumentou sua fúria contra minha pessoa. No afã de fazer graça pra amiga, não o reconheci. Desandei a contar histórias, alegre e satisfeita como se não houvesse passado, enquanto, da cama hospitalar, a amiga ensaiava sinais de alerta para me proteger de mim. Em vão. Compulsiva, eu seguia num entusiasmo de dar dó. Já em casa de noite, toca o telefone, "aquele era o fulano, seu arqui-inimigo". Céus, e agora? Dias depois, quem liga é a mulher do sujeito, "olha aqui, querida, mandei fulano fazer as pazes com você, onde já se viu, uma mulher tão adorável...". Por conta do queijo suíço, reconciliei-me com Fulano, com quem hoje compartilho esclerosada afeição.

    A verdade é que o queijo suíço não vai desemburacar, e o jeito é levar na dignidade. Lancei mão do bloquinho para anotações. Não um, mas vários, espalhados por toda parte, já que os lapsos não escolhem hora ou local. Não serve o celular, porque que este nunca está onde precisamos, e, ao procurá-lo, blunfas!, vai-se a ideia fulgurante brilhar em outra constelação. Único inconveniente do bloco é que torna indispensável o uso de óculos. Óculos na cabeceira, ao lado da TV, na mesa do escritório, na bolsa, na outra bolsa que precisa também das lentes de sol, e no carro, lógico, pois assim está escrito na carteira de motorista. Esqueceu? Antigamente era simples, havia apenas aqueles feiosos de enxergar longe, mas desde que o queijo se alojou e, pela mesma época, acordei sem mais distinguir as letras do jornal (imagine pra fazer a sobrancelha), desde então, preciso de uma lente para cada bloco. E de outras para enxergar longe, a fim de cumprimentar as pessoas que me xingam de antipática porque não as vejo. Há ainda os óculos do computador! Eu bem que tentei um trifocal, me deu vertigens, confusão..., estava a desenvolver múltiplas personalidades, quando desisti. Uma tripla visão do mundo me levaria a mais um especialista, já que, além do neuro e do oftalmo, agora, com a realidade subitamente aumentada, precisaria de um psica para destrinchar as novas e múltiplas verdades. Céus, estou perdendo o foco, desviei-me. Pra onde? Vou dar uma espiada no suicinho encadernado, anotei tudo o que queria dizer.

    Cadê os óculos?

•

Bumbum

— Qual a diferença entre a bunda da Juliana Paes e a bunda do Gerald Thomas?
— Ok, foi mal.
Recomeçando, o que é uma bunda senão duas bolas de carne com um orifício no meio? É certo que tenha funções importantes para o corpo, mas a mão também tem, assim como o cotovelo e as costas. Por que então tanta comoção cada vez que surge um bumbum novo na praça? São aplausos de deslumbramento ou grunhidos de desapreço, sempre uma atitude exaltada. Quando o diretor Gerald Thomas exibiu o traseiro no Municipal anos atrás, a imagem correu o mundo, figurando nos principais jornais da semana seguinte. Será que a plateia teria ficado tão indignada se a bunda em questão fosse da Juliana Paes ou da Globeleza? Duvido! O arrebatamento ali veio acompanhado de falta grave, crescente a cada verão, que vem a ser a discriminação bundística. Uma bunda carnuda e firme teria sido aplaudida no Municipal como acontece na Sapucaí, no calçadão, nas revistas e a cada virada de pescoço do Mané da esquina. Aquele rebuliço, as acusações de desacato, só ocorreram porque o bumbum do Gerald é pálido e murcho, nitidamente um bumbum de fumante. Aliás, se fosse pra fazer uma charge...

Minha gente, Deus é justo e deu uma bunda a cada ser, sem distinção de classe, credo ou cor. Poderia até se dizer que a bunda nos iguala, não fosse pela rotunda diferença que há entre um bumbum empinado e outro caidão. Não, irmão, apesar de existir igualmente em toda espécie, este símbolo sexual apenas aumenta nossas diferenças — a bunda não é democrática! Todos a possuímos, mas pra que serve, por exemplo, uma bunda velhusca? Para nada! A bunda de hoje, como se vê cada vez mais a-bundan--temente nas revistas, tem que ser jovem, dura, e, atenção, disponível! Gisele Bündchen, a beleza mais aclamada da década, tentou guardar seu bumbum para si, talvez por considerá-lo fora das proporções ideais, e o que se ouvia? Esconde porque não tem, é magrela demais. Esperta como ela só, a moça deu logo um trato no traseiro, empinou-o em campanha de lingerie, e pronto, foi o que bastou pra reafirmar-se para sempre como deusa da perfeição. Eu mesma já sofri na pele com a discriminação bundística. Por anos e ânus, fiz sucesso por aí vestida e despida sem que ninguém reclamasse de minhas formas, ao contrário. Há tempos, no entanto, notei que os convites minguavam, ou pela primeira vez era chamada para locuções e dublagens em que eu seria a voz sexy por *trás* da figura animada da tela. Andava encantada com as coisas do espírito, e sem perceber havia me descuidado do resto. Espiritualmente evoluída, com os conhecimentos ampliados, mas magrinha e molinha, ninguém mais se interessava por mim. Antenada e tinhosa, resolvi partir para a musculação com ênfase especial na região glútea. Passei horas com a cabeça voltada pra bunda, engordei três quilos, e hoje, muitas gotas de suor depois, possuo a melhor região glútea de minha vida!

Sabe o que aconteceu? Os papéis voltaram! É fato, minha gente, nem estou dando conta da demanda. Verdade que interpreto um personagem esplêndido, que foi escrito para uma mulher de sessenta. É que a TV tem fobia de gente com mais de trinta. Gente feminina, bem entendido. Então, como a sinopse pedia, entre outras características, uma mulher bonita, e que bonita implica necessariamente em bunda boa, e que não existe tal coisa aos sessenta, escolheram a mim!

Fui escolhida por minha bela bunda de quarenta. A bagagem de experiências, o talento, a disciplina no ofício, tudo isso é secundário e será devidamente admirado quando, aos sessenta, eu estiver fazendo uma gostosona de 93. Ou, quem sabe, no post-mortem: *Atriz de Múltiplas Qualidades Falece aos 115 (com uma bundinha de 87).*

Não estou reclamando, sei esperar o momento certo de cada coisa. Além do mais, batalhei muito por meu bumbum e aprecio que lhe atribuam o devido valor. Rita Cadillac, que é uma mulher séria, quer ser enterrada de bunda pra cima, pra que a reconheçam no caixão. É isso aí, Rita, bunda pra cima, bunda pra frente e salve a bunda de toda gente!

•

Você é fashion?

Você está ligada na moda? É antenada com a tendência? Qual seu designer preferido?

As pessoas estão obcecadas por *o que se usa*, o que está em alta ou declínio na onda fashion. Leitores querem, editores pedem, e jornalistas pulam em cima para anotar grifes utilizadas por qualquer um que tenha vivido seus cinco minutos de fama. Antes de sair de casa, o famoso é obrigado a conferir a etiqueta de cada peça que veste, e ai dele se não reservar boa parte de seus rendimentos pra isso, porque o modelo escolhido pode determinar os rumos de sua carreira — se nada ali for Dolce, Armani ou Gucci, se for um Lojas Americanas, o famoso astro em ascensão será atirado à fogueira pública da breguice. Já se quem estiver usando for a Costanza Pascolato, a escolha terá sido exemplo de despojamento elegante! Tudo é relativo e fútil no vasto mundo das superficialidades. Pois esse é o lado chato da história, a patrulha de quem segue a boiada pisoteando o que não agrada a seu gueto de atrofiados da mente — da mente que não pensa, a mente da massa que é burra mesmo, porque se pensar discorda, e aí não cabe mais ali. Nunca foi diferente, por anos a Alemanha inteira seguiu um homenzinho de bigode ao se esquecer de pensar por um tempo, com consequências um pouco mais desastrosas do que nos campos das ditaduras estéticas. Fazer o quê?

Deixe estar, companheiro, do outro lado da burrice existe a verdade. No caso da moda, o estilo de cada um é essa verdade. Você chega num lugar com aquele estilão só seu, e logo fazem uma leitura daquilo — é uma leitura limitada, claro, mas já é o começo de um encontro entre pessoas. O "não ligo pra aparência" da contracorrente só dificulta o início da comunicação num mundo que, mal ou bem, superestima essas coisas.

Li na revista *Time* que apenas 20% da comunicação humana é feita através das palavras, mesmo quando se está falando. Os outros 80% acontecem pela mímica corporal, a expressão do rosto, a entonação, as maneiras da pessoa e o que ela está vestindo, entre outros dados. Então, se já anda difícil a gente se compreender, porque ninguém quer ler os sinais sutis, e se isso de panos, cores e estilo é algo bobo pra você, por que não conceder justamente onde a coisa é cada vez mais importante para tantos? Por que não, se não dói nada, e você, meu príncipe, só tem a ganhar ao escolher seu jeito dentro disso?

É esquisito, eu sei, que, enquanto explodem prédios numa ONU em declínio, enquanto caem Saddams e sobem Bushs, enquanto guerras mentirosas nos são impostas, o mundo se julgue por meio de signos tão precários. É estranhíssimo que um mundo assim se deslumbre com passarelas de excentricidades têxteis e peitos perfeitos de supermulheres talhadas com bisturi e dinheiro, e, se você não quer compactuar com tanta contradição, fique à vontade. Eu mesma estava quase fazendo uma plástica pra alisar os sinais ao redor dos olhos e desisti. Minhas linhas que fiquem aqui mais um tempo, lembrando-me de quem sou, meus choros e meus recomeços. Farei concessões na marca do jeans, na combinação das cores, mas não quero uma cara fake de vinte a seduzir quem nem me interessa — a gente se curva onde pode, e isso também é estilo.

Dentro de mim há um clamor pelas coisas como elas são. Quero o pão com manteiga da fazenda de minha infância. Quero um colo de mãe farto e macio, com peitos murchos como devem ser os peitos de mãe. Aliás, cadê elas, as mães com cara de mãe e com tempo pra gente? Quero uma, pra me ouvir reclamar com saudade das conversas fiadas que nunca terei. Quero de volta três horas por dia, pra não fazer nada, e quero andar de carroça, vento no rosto. Você sabe que a velocidade média de um carro na cidade é de 17 quilômetros por hora, ou seja, igual ao da carroça do início do século passado? Nós andamos e andamos pra chegar aonde já estivemos — e com metade do prazer.

E o que isso tem a ver com o mundo fashion?

Também não sei, meu príncipe... Responda aí você que veio comigo até este ponto. Eu, aliás, já nem estou mais aqui, estou lá no meu canto sem grife, cheia de perguntas desantenadas e uma forte tendência pra lugar nenhum.

•

A vida pelos colarinhos

Já foi bem mais complicado, mas, ainda hoje, um almoço na minha casa será, no mínimo, uma experiência exótica. Durante anos li tudo que me passou nas mãos sobre alimentação, tinha obsessão pelo assunto, e pela saúde que verteria de um cardápio equilibrado. Ainda tenho. Sou uma espécie de bicho-grilo que gosta de papo esotérico, pratica formas de ioga, visita países remotos, e se alimenta de um jeito impossível. O resultado é que nunca sinto dores de cabeça, não sofro de insônia, não tenho cólicas menstruais e acordo com o humor excelente. Mas há exceções. Esta mulher ultrassaudável habita minha face solar; existem, no entanto, outras criaturas servindo-se de meu corpo. No período das drogas, experimentei todas que me passaram na frente — ácido não, porque inculquei, lá no começo, que me traria filhos defeituosos, mas cogumelos, muitos. Um dia tomei horror a tudo que me rouba a saúde (e de quebra a elegância), mas, como a evolução se dá a passos lentos, ainda gosto de beber. Gosto mais do que devia, não paro na hora certa, e amo a sensação de estar com o pensador anestesiado e os sensores aflorados. Agressiva não fico, o que me bate é uma alegria esfuziante e bastante fora de tom para mulher da minha idade (terei de parar com isso também). Além do mais, se bebo um pouco, fumo cigarros que já larguei há muitos anos e que me destroçam o corpo para o dia seguinte. São deslizes das faces sombrias. Ainda bem que as sombras tendem a ser mansas e aceitam limites com facilidade. Agora por exemplo, nesse pós-festas, o departamento álcool/tabaco será interditado — fiz promessa de prazo longo que cumprirei, como cumpri outras, benzadeus —, quando penso em como as drogas, legalizadas ou não, deixam a gente boba e previsível, fico com raiva de ter um lado vulnerável a elas.

Sei que corro o risco, nessas revelações, de aniquilar uma imagem construída com anos de alfafa e ioga, mas a verdade é que não fosse eu uma compulsiva por saúde, com a vida que me deram, e gostando como gosto, é bem provável que já tivesse me tornado alcoólatra. A meu ver, no entanto, a virtude não está na ausência de deficiências, mas no desejo de domesticá-las. Antes de saltarmos de paraquedas, minha filha e eu, olhando embaixo a terra redonda ali da porta do avião, paralisadas, ouvimos de um instrutor:

— Corajoso não é o que não tem medo, corajoso é quem tem medo e pula. O outro é um irresponsável.

E como o entorpecimento do fim de ano me anestesiou também o senso crítico, começo 2005 com uma filosofada de botequim:

Nesse mundo há dois tipos de gente, os retilíneos, que observam o tempo passar da janela, e os contraditórios, que agarram a vida pelos colarinhos.

Aos tropeços e carimbada de hematomas, admito, sou do segundo time.

(Devo dizer aos interessados que, neste ano futuro de 2015, bebo pouco, ainda que não tenha eliminado o hábito e nem pense fazê-lo. E, como tanta gente, deixei de fumar. Um prazer a menos.)

•

5

Unhas do inconsciente

O tédio ou a puta

Toca o telefone.
— Há desafios na sua vida, Maitê?
— Como assim?
— Alguma coisa faz você vibrar, o sangue correr veloz, o coração bater mais forte?
— Bom...
— Pois eu ganho mais de 150 mil como presidente da empresa, o marido que eu adoro é o mesmo desde a adolescência, os filhos se formaram, estão encaminhados, felizes, e nos darão netos, os amigos são os de sempre, com as mesmas histórias, os mesmos porres, os mesmos programas, as mesmas risadas, as mesmas conversas, os mesmos fins de semana. Estou exausta!

— Você gosta de música, Gilda, por que não chuta o balde, pega a grana que acumulou ao longo dos anos e inaugura um selo musical com uma ideia diferente? Sei lá, chama o Nelson Motta pra ser seu sócio e bota a cabeça pra voar num projeto inovador.

— O tédio me imobiliza.

Outro amigo, dentista com clientela razoável, mulher e duas filhas, me revelou de supetão:

— Virei gay. E não é só, estou transando com travestis.

E eu perplexa:

— Sua mulher sabe?

— Não tenho coragem de contar. Amo a Paula e não quero me separar das meninas.

— Mas então...?

— Tô contando pra você porque o troço tá entalado na garganta. Você sabe que nunca fui disso, mas agora sou. E tô viciado. Comecei como ativo, e agora mudei de lado. É agressivo, decadente e ótimo!

— Mas, Carlo, de uma hora pra outra... Você consegue entender o que te acometeu?

— A mesmice. Tô com 40 anos, não muda nada nunca, minha vida é de uma estabilidade assustadora. Nem a falta de grana me motiva, me acostumei a ter pouco.

Há meses fui visitar uma amiga de colégio em Santa Cruz, na Califórnia. Quando éramos crianças, Lana era a melhor aluna da classe. Em casa, para obedecer à mãe, que por coincidência também era minha professora de declamação, tocava três horas diárias de piano clássico. A família não poderia ser mais careta. Era um descanso para mim o convívio com um lar tão regrado e diferente do meu. Passados muitos anos, visitei Lana com essas imagens na cabeça. Ela estava casada com um físico americano, vivia numa linda casa com jardim, mas não tinham filhos — por opção, me disse. O marido saía pra trabalhar de manhã, ela cuidava da casa, e à tarde ia para o trabalho. Eu batia pernas pelas redondezas. De noite nos reencontrávamos para jantar. Era agradável estar ali porque havia harmonia entre eles, que amavam-se, evidentemente.

— Você trabalha com o que, Lana?

— Sou puta.

— Puta puta, Lana?

— É, eles me pagam e eu faço tudo o que querem.

— Você não tem nojo?

— Tenho clientes seletos. Não vou com qualquer um. Sinto prazer com eles, muito.

— Mas e o Michael?

— Ele não sabe. Pensa que sou terapeuta corporal, compreende?

— Sim, claro, uh, não deixa de ser, não é?

— E de noite em casa eu transo com ele, adoro! É o melhor de todos, amo meu marido.

Essas pessoas existem, são meus amigos e os conheço bem. O negócio é que muita gente sofre de tédio. Mas convenhamos que não dá pra todo mundo se prostituir ou se drogar para animar a vida. Tem gente que não serve pra isso, e, cá pra nós, há opções. Na criatividade, eu acho. Meus amigos artistas têm menos problemas existenciais que os outros. Talvez lidem mais diretamente com seus perrengues, e por isso, melhor, me parece. Jogam num quadro a tristeza, compõem uma música pela falta de alguém, se rasgam de raiva na cena de um filme. Os questionamentos, as frustrações, as fantasias acontecem, mas têm um escoadouro criativo. A coisa não fica estagnada ali dentro formando pilhas de mofo pra fantasmas virem morar.

Conheci um senhor que sobreviveu a dois campos de concentração durante a Segunda Guerra. Um na Alemanha por ser judeu, e outro na Rússia, coitado, porque era alemão. Eu era criança em Ubatuba e me lembro dele lá em casa contando que, enquanto os presos atléticos morriam feito moscas, os intelectuais franzinos, mas com vida interior, sobreviviam a todos os maus-tratos. Seguiam, apesar de tudo, no mundo de suas imaginações.

Você aí que se esvai em marasmos sem fim, pinte um quadro, um pires de porcelana, inscreva-se no concurso pra melhor conto da cidade, crie. O resultado não será uma obra-prima, nem precisa, e, se houver talento, este dará as caras quando o prazer torná-lo imune aos bloqueios de sua autocrítica.

Se isso não adiantar, fazer o bem também tem seu valor e costuma ser muito eficiente pra curar tédio. Experimente. Ofereça uma hora de sua semana ao hospital de crianças doentes. Leia histórias para velhos alijados das famílias. Tem menino cheirando cola, meninas se prostituindo, a natureza sendo agredida, gente morrendo de fome. Organize-se com amigas no clube, no playground do prédio, no carteado, ou numa ONG qualquer já existente, o que fazer não falta. Se tudo à sua volta for melhor do que aquilo que você tem, chute o balde e vá à luta. Mas, se não for, fique com a vida que você fez e melhore a do vizinho — ele está ao alcance de sua mão e já não pode, ou não sabe, fazer por si.

E se nada resolver, só mesmo a reza forte, meu caro. É a terceira saída para tédio crônico. Adote uma prática religiosa. Ore profundamente. Aprenda a meditar. Eu já estou fazendo o mesmo pra despachar a doutrinária cheia de opinião que se apossou de meu corpinho e do comando deste texto. Ommmmmmm.

•

O ócio

Sonho com o dia em que terei três horas pra não fazer nada e meu corpo sente saudades de uma encarnação em que fui peixe — nem o peso a carregar. Na Riviera Maya, recentemente o coração deu saltos diante das águas enluaradas de um mar soberbo. As ondas quebravam e os plânctons cintilavam em luzes de néon. A lua era cheia, o sol dourado, a areia solta e o mar... azul. Os dias teriam sido uma sucessão de clichês, não estivesse eu agarrada ao presente como um náufrago aos restos de seu barco. Aquilo era minha vida e pronto. Por não haver futuro a preocupar, as belezas naturais deslumbravam como se vistas pela primeira vez — só mesmo o ócio pra resgatar a verdade que há em todo lugar-comum.

Quero meu tempo de volta. Quem foi que inventou o futuro? Os índios não foram, viviam um eterno agora no caça, come, deita, acabou, levanta e caça de novo. Os budistas lá no outro lado do planeta também nunca quiseram saber do amanhã. E por toda a Idade Média as pessoas viveram de forma essencialmente contemplativa, na adoração a Deus. Foram os burgueses e os humanistas da Renascença que inventaram de "acordar" o mundo. Resolveram que a religião seria repensada e o modelo clássico de antropocentrização das artes e ciências seria adotado. Criaram o futuro e a necessidade de pavimentar o caminho até ele. O homem clamou pelo domínio da natureza e surgiram as noções de planejamento e crédito. A questão era: qual a vida mais nobre, a da contemplação ou a da produção, devemos viver no ócio, ou optar por sua negação, o negócio?

A conversa vai longe e é filosófica, mas, resumindo o problema que resvalou pra nossos dias, é o seguinte:

Renunciando ao agora e desistindo do ócio, criamos uma civilização de prazeres adiados em nome de um porvir que não chega nunca. O lado bom desta busca é o encontro com o novo e a sensação do renascer (o tédio dos reis, pra ser minimizado, impulsionou muito o crescimento das artes). Então, o preço pago pelas tribos de ócio foi a ausência de desenvolvimento e cultura, mas o preço pago pela civilização é o enquadramento do espírito, a correria e a falta de paz.

O que você faz no domingo? Consegue deixar a brisa levar ou precisa de uma intensa programação para o bom aproveitamento de seu lazer? Dá tempo de olhar em volta, sentir, ouvir, perceber o que se passa com as pessoas que quer bem? E olhar pra si, fazer aquela faxina interna, dá? Porque a gente veio aqui pra evoluir e encontrar a paz, mas será que é possível com tanto ruído em torno? Sonho de rico é praia deserta, luz de lampião e rede com vista pro mar — vida do pescador.

Eva e Adão viviam felizes lá no ócio sublime. Quando cometeram o deslize fatal, Deus expulsou-os da Perfeição e como castigo impôs-lhes o trabalho. Mas Deus é pai, e mãe, e por morada forneceu um mundo de natureza equilibrada onde se plantando tudo dá. Com algum esforço sobraria bastante tempo para os deleites do espírito. Muito se andou, as eras se passaram e chegamos aos tempos modernos — vivemos a época do homem civilizado. No entanto, nunca como hoje fomos tão predadores e gananciosos. Machucamos Gaia até a Mãe gritar, e o castigo divino virou um vício esgotante. Estamos tristes e, se não cuidarmos agora do agora, o futuro não vai existir. Sei não, mas acho que nem nas fantasias mais tortuosas Deus imaginou filhos tão destrambelhados.

Cansada e sem tempo, peço perdão.

•

Zen em pílulas

O budismo busca a paz interior. O Prêmio Nobel laureia aqueles que promovem paz na terra. As mulheres não gostam da guerra porque nela perdem filhos e maridos, e sem eles ficam atormentadas, sem paz. Será que um mundo regido por mulheres seria mais pacífico? Buscamos paz na prece, no vinho, nas drogas, no desabafo com o amigo. Uma viagem nos distancia do cotidiano e promete a paz geográfica. Deseja-se paz a quem se quer bem, e todos buscamos a fulana nas frestas de um tempo cada dia mais curto. Engolimos remédios para ansiedade, para a depressão, para a morte do cachorro, a dor de dente, inveja e falta de dinheiro. Mulheres menopáusicas tomam hormônios para equilibrar os nervos à flor do abismo, depois se desequilibram, o corpo enlouquece, incha, engorda, depressão, doido círculo. Pratica-se ioga, pilates, corrida. Meninas bulímicas vomitam remédios, crianças hiperativas também. Pequenos desmotivados desesperam suas mães, que os entopem de drágeas, o efeito é o contrário do desejado, a mãe se reprime, deprime, doido círculo. Psicanálise, fala, fala, fala, escuta... Ouviu? Compreendeu? Organizou-se? E a paz, conseguiu? Há dois anos fraturei cinco vértebras numa queda de cavalo. Para dor receitaram uma droga que continha morfina. Deveria tomar, a cada vez, um único comprimido acompanhado de outro, anti-inflamatório. No afã de trazer alívio, minha filha se equivocou e ofereceu duas drágeas para dor num mesmo momento, e eu, que mal me aguentava deitada, passei a imaginar que podia voar. A dor continuava ali, igual, mas não era problema, ela não trazia qualquer desconforto ou sofrimento: eu estava integralmente conciliada com minha circunstância. Era a paz finalmente, o zen-budismo em pílula! Como gostei daquilo! Tanto que não pude reexperimentar. Supus que o Nirvana conquistado num gole d'água incluiria, com o hábito, efeitos colaterais tão adversos quanto fora agradável a viagem ao paraíso. Nunca saberei. Há quem trabalhe sem pausa para não ser surpreendido pela vastidão do acaso. Como enfrentar um deserto de horários se odeio o campo, se o silêncio oprime, se não gosto de ler, e o inferno é o outro porque está fora de mim? Se a música que escolho reverbera no corpo anulando meus sentidos em prol de sensações. Se meu filme preferido é um soco de emoção rasteira. Celular, iPad, iPod, computador, Nabucodonosor, socorro, quero voltar para a Babilônia! Suspenda-me por seus jardins-maravilha e deixe-me me perder por ali, e assim me encontrar, talvez. Crio pinto canto bordo, interpreto neuróticas criaturas. Beethoven compôs nove sinfonias e morreu atormentado. O bicho de dentro é imenso, tem o tamanho do mundo, há um universo inteiro em cada cabeça. Mas... eu sei de um segredo. Sei que na respiração profunda, no instante em que o pulmão se enche completamente daquilo que vou expirar, naquela fração mínima de alívio — ali há paz. E nos segundos em que me solto, quando me entrego ao gozo, por exemplo, e sempre que me lanço à criação sem me dar conta de mim, naquele átimo de descontrole fortuito onde me perco e permito que o universo atue, e que então, através de mim, surge o outro com o mundo inteiro dele (que é também o meu), ali há paz. E eu sei disso. Por que não deixo acontecer?

•

E se o chão não rachar?

Uma imagem sugerida por Emerson (não o Fittipaldi; outro, o Ralph Waldo), no século XIX, descreve bem o homem moderno. É inverno e estamos deslizando sobre uma fina camada de gelo, precisamos nos mover porque, se pararmos, o gelo rachará embaixo de nossos pés.

Assim a gente se sente. Não é um fato isolado, todos estamos tomados de aflição, uma aflição que nos coloca a girar sem pausa. Em épocas de férias, quando somos obrigados a diminuir o ritmo, a baixar o frenesi que move o dia a dia, é frequente bater uma angústia. A deprê desses dias nos isola e sentimo-nos a sós na agonia. Mas lembremos que sofrimento não é doença. Ele está ali como alerta, como um indicador de, sendo você um cara denso, precisará olhar pra desordem interna e refletir sobre como seguir. Desconfie de quem não sofre. Eles existem, são os normais, os intrinsecamente adaptados, os felizes. Os chatos, chatíssimos! Verdade que os outros, os atormentados, também são chatos (não há saída), mas são chatos mais consistentes, interessantemente chatos.

A demanda é por uma velocidade cada vez maior, por mais agilidade, uma busca mais frenética da eficácia. Segue-se nisso até quebrar. A única saída para não se adoecer dessa maluquice é parar de fazer o jogo e correr o risco do chão rachar.

Ou não.

•

Eu acredito em Deus

Eu acredito em Deus.

Meus pais eram ateus convictos, do tipo que acha ingênuo quem crê no que a lógica não explica. Mesmo assim, aos cinco anos, por praticidade, me enfiaram numa escola de freiras, onde vivi meus primeiros conflitos existenciais. Falava-se em pecado o tempo todo, e eu, então, passei a andar obcecada pelo chão tentando não matar formigas, já que matar era pecado e eu não podia imaginar nada tão mortífero quanto meu próprio pé, ou tão matável quanto aquelas ínfimas criaturas. Além disso, o mundo ia fazer primeira comunhão, e lá em casa ninguém falava no assunto. Quando perguntei a minha mãe se Deus existia, ela disse, "é igual Papai Noel, existe pra quem acredita nele", e ela sabia que eu já não acreditava. Por fim, não deu certo a experiência com as freiras, me trocaram de escola e por uns bons anos fiquei livre daquelas questões.

Aí minha mãe morreu, meu pai pirou, e eu fui parar num pensionato pra filhos de missionários americanos e luteranos. Rezava-se pra acordar, pra dormir, pra comer e pra louvar ao final de cada dia com cânticos espirituais. As coisas eram certas ou muito erradas e não havia meio-termo. O bom senso não servia pra nada e o que valia era a palavra de Deus segundo a interpretação que aquela gente fazia da bíblia. Eu vinha de uma casa onde as pessoas filosofavam a vida e onde o pensamento era a maior diversão, então demorou um pouco pra conseguir aceitar o maniqueísmo que ditava as regras na nova morada. Mas o mar não estava pra peixe, e aquela gente religiosa tinha o coração puro e bom. Eles tinham amor pra dar, e eu, uma cratera de carências pra preencher. Nessa união justa, Deus entrou na minha vida pela primeira vez. Entrou pela vala do amor e me encheu de conforto.

Assim, li a bíblia toda, o Velho e o Novo, e de resto sintonizei no divino e deixei rolar. A primeira vez que me aconteceu uma experiência transcendental eu tinha 14 anos. Estava deitada no chão, à toa, e sem mais nem menos meu espírito se descolou do corpo. Não, eu não havia fumado nada, e também não estava em estado elevado de consciência rezando ou coisa assim. Estava ali de bobeira mesmo quando uma sensação de sublime leveza me arrebatou pra fora do corpo deitado, que meu outro ser, suspenso, passou a observar. Eu ia subindo acompanhada por entidades cuja forma não via mas sentia, e o chão, o campo, o quarteirão, minha cidade iam se mostrando cada vez mais distantes e sem cor. Tudo agora era preto e branco. O mundo, com meu corpo ali, era cinza e sem graça, mas, dentro do meu ser etéreo e cada vez mais distante, havia uma festa de soberana harmonia. Eu era dona de uma paz magnífica! Não sei dizer quanto tempo meu espírito ficou em êxtase, pode ter durado trinta minutos ou uma hora, mas guardo até hoje a sensação e, acho que por causa dela, não tenho medo da morte. Naquela época fiquei uns três anos envolvida com coisas de Deus, e aí, não sei bem por que, larguei mão por um tempo, mas não totalmente. Viajei muito, e em cada cultura buscava os locais e templos sagrados. Na maioria, independente da corrente religiosa, senti a presença de Deus. Às vezes, quando era muito forte, passava horas tentando sintonizar a forma de louvor local, para então me abastecer de luz. Concluí que Ele não liga se a gente quer chamá-lo de Buda, Iemanjá, Maomé ou Jesus. Ele não liga nem se a gente deixar de chamar por um tempo, Ele é dono do infinito e não tem pressa.

Há quinze anos voltei a ter uma prática religiosa diária e pessoal, hoje devotada à face feminina de Deus, sendo Nossa Senhora o ponto alto de meu altar. De lá pra cá os fenômenos foram muitos. Não vou descrevê-los porque você vai achar que ensandeci, mas o fato é que na minha vida certas coisas acontecem. Se não ocorrem com você, amigo, não quer dizer que eu tenha um botão a menos, apenas que me abri para uma experiência a mais.

Eu acredito que o Senna, nosso ídolo, viu mesmo Deus naquela curva em Mônaco. Ele estava num estado especial de concentração e aconteceu. Não tinha por que se expor ao ridículo, dando a cara a bater para um bando de céticos, se não houvesse de fato visto o que viu. Você não viu, mas ele viu, oras. Copérnico afirmou que a terra era redonda e girava em torno do Sol. Foi chamado de maluco, hoje sabemos que não era. Teresa D'Ávila em êxtase levitava contra a própria vontade, tamanha a força de seu louvor, e na Índia, onde não se questiona o sagrado, essas coisas são corriqueiras, elas acontecem. Acontecem na pausa. Acontecem na hora do silêncio, entre uma respiração e outra. Acontecem simplesmente. Talvez estejam para acontecer a você. Shhhhh...

•

Unhas do inconsciente

Mergulhei na escuridão. Era de tarde e me encontrava nos estúdios da emissora onde trabalho quando percebi a realidade a se afastar de mim. Nada havia acontecido de especial naquele dia, nenhuma chateação além das habituais, minhas cenas haviam sido gravadas regularmente, e era hora de voltar pra casa. Só que, no momento de partir, eu não conseguia fazer os movimentos corriqueiros para livrar-me do figurino do personagem, colocar minhas roupas pessoais, pegar o carro e sair dali. Num esforço incomum, e contando com poucas fagulhas de racionalidade, consegui arranjar um motorista que me levasse, deixando meu próprio carro pra ser resgatado quando o mundo retornasse ao eixo. Por sorte, o rapaz era quase mudo ou muito sensível e percebeu que o momento não era pra conversas — perguntou apenas pelo endereço e tocou na direção. Assim, por uma hora dentro daquele carro, fui mergulhando cada vez mais fundo nos abismos turbulentos de um universo que me engolfava rápida e violentamente. Quando cheguei em casa, cem anos depois, tudo estava escuro, não havia alma, nem o cachorro estava ali pra me lamber a inquietação. Mal conseguia andar. Cambaleando, acendi uma luz no último quarto — único interruptor que encontrei —, fui ao telefone e, numa provação olímpica, consegui discar pra meu ex-marido. A cozinheira que fora nossa e agora trabalhava para ele atendeu e percebeu que algo sinistro acontecia — apesar de mim, porque eu não dizia coisa com nexo. A moça chorou do outro lado e desligou, mas tive a impressão de que ia me ajudar... Em outro soberano esforço, me veio o número de uma amiga: "Estou caindo da vida, vem me salvar." Eu me enredava no mistério abissal e não havia ninguém pra me trazer de volta — a solidão era paralisante. Tinha vergonha de mim, sentia raiva, estava do outro lado de todas as fronteiras, mas um comando inconsciente me punha frágil e incapaz de rumar para territórios mais estáveis. Olhei uma pessoa no espelho, não reconheci, andei, respirei, rezei, deitei, gritei, andei, rezei, respirei, rezei... Quando finalmente chegaram meus amigos, todos de uma vez, eu já voltava a mim e ninguém parecia compreender que a loucura acabara de me visitar para acompanhar-me ao mundo de lá. Tentei explicar, mas, extenuada, não consegui. O marido de minha amiga, que era espírita, me deu um passe. Meu ex-marido, que era preocupado, me deu um pito, minha amiga, que é esplêndida, me deu um abraço, e no final rimos todos aliviados. O que se passou, compreendi depois, foi algo quase corriqueiro hoje em dia, chamam de ataque de pânico, e foi dos maiores medos de minha vida. Jurei naquela hora que jamais me permitiria outro momento semelhante, e até hoje, benzadeus, não descumpri o combinado. Já havia tido, com o uso de drogas, experiências de atravessar fronteiras para espiar o lado de lá, mas nunca a loucura me havia batido à porta assim, à luz do dia, sem que eu a provocasse. A loucura permanente ou episódica dói terrivelmente, e isola do convívio com o outro. Por outro lado, ela descortina um universo caleidoscópico e intangível para os ditos normais. O matemático John Nash, que inspirou o filme *Uma mente brilhante*, sofreu anos de alucinações fantasmagóricas e, com grande esforço intelectual, aprendeu a driblar sombras paranoicas. Em sua autobiografia, ele diz: "Parece que estou pensando racionalmente de novo, como fazem os cientistas." Mas acrescenta logo adiante: "Isto não é uma coisa que me deixe totalmente alegre, como aconteceria no caso de ter estado doente fisicamente e recuperado a saúde. Porque a racionalidade de pensamento impõe um limite no conceito cósmico que a pessoa tem." Se a gente nunca olhar pra fora dos muros da nossa cultura, de nossas convenções, se não procurarmos territórios desconhecidos para adentrar o ilimitado, também não conheceremos o paraíso na Terra. Hoje, quando me acontecem momentos de medo e que me vejo de novo presa nas unhas do inconsciente, reencontro-me depois, quase agradecida. Aprendi a não ter medo de sentir medo. Aprendi que a vida tem disso, e que, se a gente se deixa vagar um pouco pela escuridão, sem pressa e sem atrapalhar, logo se passa dali. E que depois das sombras existe o reino da imaginação, onde grassa a liberdade. E que ali mesmo, dentro da gente, é onde nasce um lampejo de sabedoria que pode mover todo o universo.

•

Óvulos velhos

Andei pensando muito em ter outra criança. Agora depois dos 40. Amo tanto minha filha. Quando ela me aconteceu, aquele milagre saído de mim cheio de dedos, órgãos, choro, fome, eu entendi absoluta e imediatamente qual a minha função neste mundo. Parir. A única ação que realmente dava sentido intenso à minha existência. Eu estava plena naquele instante pós-parto. Esvaziada e plena como um Buda. Como uma vaca. Eu e a vaca tínhamos a mesma fundamental importância que nos irmanava diante da criação e dava sentido à bovina vida dela e à minha, às vezes também um tanto quanto. Senti-me integrada e feliz: eu, a vaca, o Buda, minha filha. Era o Nirvana. Por que não repetir isso agora ainda mais madura, com ainda mais tempo pra curtir. "Talvez dê pra esperar um pouco", diz o namorado. E a amiga: "Querida, vá tentando. Até ele se decidir, quem sabe você consegue." A verdade é que na minha idade não há tempo para se esperar nada.

Fui ao médico. Deparei com o filho do meu ginecologista. O titular havia se aposentado. Não gostei. Seria um sinal para desistir? Você também está velha, aposente-se e espere os netos. Xô, Satanás, pus um pano preto sobre os maus pensamentos e segui de cabeça erguida e proa embicada para meus saudáveis propósitos procriadores.

A batelada de exames deu resultados alvissareiros. Até o médico-pai ressurgiu num telefonema para dizer que do ponto de vista hormonal eu era uma menina de 23. Felicíssima, já vislumbrando uma imensa família à siciliana, saí dando feito louca. Pro namorado, oras. Meses de tentativa e nada. Voltei ao filho-ginecologista. É impressionante como esses médicos têm um jeito de falar de tudo, quando a gente está ali naquela posição de sapo.

— Tem trabalhado muito? Gostei demais daquela última peça sua, como é mesmo o nome? Parece que encontraram o Bin Laden.

— Mas e o meu assunto, doutor, o que acontece?

— Está tudo certo, você inclusive está muito bem, linda — por fora —, porque por dentro a coisa não é bem assim. Seus óvulos estão velhos.

— Ovos?

— Óvulos, meu bem, óvulos. Quatro garotões empurrando um carro é bem diferente de quatro senhores de sessenta, concorda? É o mesmo carro, o mesmo número de homens. Mas no segundo caso o carro pouco se mexe. Pois bem, os seus óvulos são os rapazes de sessenta. Estão velhos — repetiu.

O moral foi pro pé, mas como não sou mulher de me abater, segui adiante e partimos para as providências. Estávamos na quarta série de ultrassonografias intravaginais, eu ali novamente, com a perna aberta novamente, e ele novamente com aquele imenso instrumento enfiado na minha intimidade, vasculhando tudo por dentro. Escuto: "Você é muito expressiva." Meu Deus, pensei, eles devem dizer essas coisas imaginando que vão descontrair a gente, ou será que ele fica com um tesão louco e fala qualquer bobagem pra disfarçar? Pensei. Mas disse:

— Puxa, que bom você achar isso. Levando em conta minha profissão, é bem bacana ter essa característica. Obrigada.

— Pois é, te torna muito interessante. Talvez interessante demais. Isso está lhe trazendo rugas, pequenas pregas, sabe?

Me vesti e fui pra mesa de consulta:

— Doutor, o que posso fazer por esses sinais?

— Que sinais? — Cristo, ele realmente não está a fim de me facilitar as coisas!

— As rugas, as tais pregas doutor.

— Ah, isso é muito simples. Procure um bom dermatologista, você tem indicação pra Botox. Com poucas aplicações seu rosto ficará bem mais harmonioso.

— Ah, meu *rosto*, claro, sim, muito obrigada, muitíssimo obrigada mesmo, doutor.

Cheguei em casa e fui direto para o espelho. Os defeitos eram múltiplos. Os anos haviam provocado um estrago na minha pessoa. Como é que eu não tinha realizado isso antes? A TPM piorava as coisas. E faltava um mês pro meu aniversário de quarenta e..., deixa pra lá. Eu em pleno inferno astral tendo que deparar com uma realidade tão crua e visível — porque a vista cansada fica tão descansada nessas horas? Minhas sobrancelhas precisam de pigmentação, os sulcos ao redor da boca de restilene, a boca está fina e marcada (sou o Silio Boccanera!), a pele tem indicação para ácidos retinoicos, sentimentos paranoicos pedem análise imediata, os peitos precisam de silicone, a bunda de enchimentos, uma lipo se faz urgente, e... ahrrr! Com o mundo desabando sobre minha cabeça, toca o telefone, é meu ex-marido. "Eu te contei que a Ana (é a filha dele com a atual mulher) está largando a fralda?" Não. "Nós ensinamos, 'quando tiver vontade, sente no peniquinho e faça'. Você acredita que ela fez certinho, só que sentou de calcinha e tudo e se sujou toda de cocô. Ninguém se tocou de explicar que precisava, agora sem fraldas, tirar a calcinha também. Não é lindo? Tchau querida, um beijo."

Meu ex já fez três filhos desde que a gente se separou e eu não consigo fazer nem um. Eu que sei que são eles o sentido da vida. Não é justo.

E lá se foi mais um ano. Estou um ano mais velha, meus óvulos, coitados, velhíssimos. Aí penso assim: Também ter filho a essa altura pra quê? Quando ele tiver idade para reconhecer a esplêndida mãe que eu fui, tudo o que fiz por ele e para ele, eu já estarei morta. Não é boa ideia. Aliás, se der uma zebra e acontecer, será imperativo iniciá-lo o quanto antes no espiritismo. Assim ao menos poderemos nos comunicar entre os planos. Eu lá. Ele cá.

Ah, quer saber, vou tomar uma cerveja e chutar essa onda pra longe.

Pronto, já está tudo melhorando.

Pensando bem... olha eu ali naquele espelho — eu estou é linda, lindona, bem disposta, com saúde. Vou dar um bico nesse baixo-astral, pregar minhas lantejoulas, vestir minha saia rodada, enroscar no meu amor e sair para dançar. Depois a gente volta pra casa, e bota essas paredes pra tremer.

Mês seguinte: toca o telefone, é o médico.

— Tá sentada? Então pula. Deu positivo!

•

Gente boa

Li outro dia um artigo sobre monges budistas, freiras de clausura e essa gente toda que medita com frequência. Estudos provam que eles têm mais desenvolvida a parte do cérebro que percebe o aspecto luminoso das coisas. Enxergam mínimas virtudes, têm mais compaixão e sabem amar com desprendimento.

Há sete anos passei um mês em Myanmar, a antiga Birmânia, e lembro-me de sentir nitidamente que aquela gente era melhor que eu. Havia harmonia e benevolência na expressão das pessoas. Não penso que fosse a visão superficial de quem enxerga os encantos do exotismo. Lá eu acordava predisposta para o bem e não porque seja de fato boa, mas porque era o que se esperava de mim. Ninguém na rua imaginava que eu pudesse dar um golpezinho, enganar ou pensar algo negativo enquanto sorria gentilmente. A delicadeza estava por toda parte apontando para o que há de mais puro na gente, contagiando com qualidades altruístas. Enquanto estive com aquela gente, umas belezas emboloradas foram brotando feito susto de dentro de meus egoísmos. Não havia, na época, o hábito da televisão a qualquer hora, sequer existia TV por satélite, e a cultura mantinha-se, assim, preservada dos costumes ocidentais. Não vi uma pessoa vestindo calça jeans, nem eu mesma, que rapidamente aprendi a amarrar panos na cintura pra fazer saia igual à das moças de lá — se amarrar diferente vira saia de homem. A única infiltração de hábito ocidental que se percebe é um pouco de cinema e, mesmo assim, os filmes são quase sempre indianos. Quem chega ali vindo de um mundo onde tudo se consegue pela força fica perplexo diante de meninos e meninas que escolhem passar às vezes três anos de sua adolescência burilando o espírito em monastérios budistas, no preparo para a vida adulta. Saem sabendo tudo de abnegação, de generosidade, da importância do silêncio, do não julgamento... Sabem pouco ou nada de sexo, drogas e rock'n'roll. E conseguem viver sem isso, rindo! Não falarei do sistema político e suas violências, contradições há por toda parte, e não se contrapõem ao relato que faço aqui. Também não pretendo fazer o relato sentimental da pureza de um povo simples e isolado do mundo, mas é que a virtude precisa mesmo de exercício para manter-se espontânea, e aquele povo, sei lá por que, parece achar essa prática importante.

Por que será que, por toda parte, as pessoas mais simples tendem a ser mais generosas? Por que os jogadores de futebol, por exemplo, compram casa pra mãe, pra tia e pra família inteira, enquanto os "bem de berço", se fazem fortunas, tratam logo de brigar com qualquer infeliz que possa um dia vir tirar uma lasquinha.

Tenho consciência de que um dia fui melhor que hoje — quando era mais simples. A vida foi se sofisticando, me deixando esperta e mais apta pro jogo social. Tive ganhos com isso, mas perdi algo de genuíno que me diferenciava. Fui perdendo, no corre-corre do "fiz faço aconteço", o que me aproximava de uma experiência particular e única — e melhor, eu acho. Felizmente, nada é irreversível e não preciso ir morar em Myanmar pra resgatar minhas virtudes distantes. Posso fazer isso do meu apartamento em Copacabana, já que nada é mais poderoso que a firmeza de uma intenção.

Mas aí... cadê a firmeza?

•

Mirna

A professora de ioga, vida equilibrada, arroz integral e muito OM, foi parar num proctologista. Ao eliminar dezenas de possibilidades para a origem de um cansaço recorrente, descobriu no tal doutor que em suas fezes fora detectada a presença de um protozoário perigosíssimo.

— O doutor disse que é muito comum em nosso país quente e sujo as pessoas terem bichos horrendos andando pelo corpo. Come-se uma salada mal-lavada e pronto, eles se instalam, se alastram, e vão fazendo um estrago sem que o portador jamais descubra a causa de seus males.

Assustada, marquei consulta para o dia seguinte. Para adiantar, levei a amostra do material colhido pela manhã, entreguei ao médico e começamos. Pergunta de cá, pergunta de lá, contei-lhe a vida inteira. O tom era tão confessional que pelas tantas me ouvi relatando intimidades do coração. No desabafo, abri um berreiro tamanho que o doutor, já ao meu lado da mesa, pegou-me a mão e ficou ali me chamando de filha até aquilo ceder. Cedeu. Dia seguinte voltei para o diagnóstico. Um bicho maligno vivia dentro de mim. Não era à toa o desequilíbrio emocional — a tristeza não tinha nada a ver com os meus porquês existenciais e muito menos com o fato do Antônio não querer mais nada comigo e preferir ter tudo com uma fulana bunduda, chata e burra. Absolutamente. O problema era que meu corpo carregava uma ameba maligna, tão provocadora de crises e comedora de órgãos que era admirável que ainda estivesse em pé. Felizmente a criatura se encontrava em quantidade diminuta, e iríamos dizimá-la em pouquíssimo tempo, tudo voltaria ao normal; teria minha vida de volta, plena e feliz em questão de um mês! Adorei o médico. Agora sabia que os meus problemas tinham origem externa, e não era eu, mas ele que iria resolver tudinho. Talvez eu devesse reconsiderar minha resistência a consultórios. Médicos eram do bem. Médicos eram O BEM. Vinha pensando mesmo em visitar um endocrinologista indicado por meu ginecologista para indagar sobre o tão propalado uso do hormônio de crescimento. O boato é que certa atriz, conservada, está tomando. Gente célebre faz uso e diz maravilhas. Um grande criador de televisão que só não é médico por deslize, mas sabe tudo do que há de mais moderno, toma. Todos vão assim vencendo as barreiras do tempo. Por que só eu devo percorrê-lo sem ajuda de artifícios? A ciência aí pesquisando pra aliviar minha onda e eu aqui carregando pedras por livre e espontânea vontade! Abaixo a sopinha de missô, o arroz integral que se dane, vou é pras cabeças! E fui. O endócrino era um cartão de visitas. Lindo, jovem, vigoroso, pele de garoto, corpo de surfista. Tinha 55 anos que pareciam 38. Contou-me as vantagens do tratamento, numa infindável sucessão de maravilhas. Faríamos um check-up trimestral pra ver como meu corpo reagia ao hormônio, e de resto era gozar a vida em sua plenitude, com aparência de menina numa cabeça de mulher, irresistível! Comecei a tomar. No início tudo eram flores e muito semelhante ao que o *cartão de visitas* prometera. Depois de alguns meses notei que algumas partes de meu corpo se modificavam ligeiramente. Cresciam um pouco, inchavam talvez. Pelos apareciam onde nunca os tivera. E eu andava excitada demais com a vida, devo admitir. Mas os benefícios eram tantos que continuei o tratamento, relevando os pequenos percalços. Segui encantada meses a fio. Ao longo desse período minha barriga sumiu, e o que sobrou ali eram as curvas musculares de um lutador de jiu-jítsu — bíceps, tríceps, quadríceps, tudo uma rocha. A pele tornou-se lustrosa e elástica, o branco do olho ficou alvo e minha íris transmutou-se num azul celestial. Cheia de energia, eu era a perfeição! A não ser por alguns detalhes que foram se tornando cada vez menos dissimuláveis. Para encurtar a história, que é longa e triste, esta figura que vos fala

— ah, esqueci de me apresentar, meu nome é Mirna, prazer, e sou o resultado de três cirurgias corretivas para retornar a proporções aceitáveis o nariz, as orelhas, e um terceiro lugar de minha anatomia que, por pudor, não declaro. E tem mais: são cinco horas de depilação semanal, duas horas diárias na analista, e um desfalque na conta bancária para trocar todos os meus sapatos e sandálias por números compatíveis com o tamanho atual: quarenta e dois.

•

Inútil

Milhões de anos atrás existiu um bicho, um inseto esquisito, com adiposidades que lhe pendiam grosseiramente das laterais. As *insetas* não gostavam dele, era muito feio. Ele mesmo não entendia pra que serviam aqueles excessos incômodos que atrapalhavam sua mobilidade, deformando-o, ridicularizando-o frente ao grupo. Certo dia uma turma saiu em sua perseguição zumbindo palavras ofensivas. Nosso inseto, muito tímido, virou as costas para a gritaria pré-histórica — já havia bullying naquela época —, mas a agressão persistiu, e ainda passou a acontecer com mais e mais frequência. Sobressaltado, ele acelerava o passo para se afastar. Não funcionava, os bichos eram muitos, corriam uma imensidão e eram leves, ágeis. Ele era gordo! Ainda assim, motivado pelo pavor, nosso amigo foi desenvolvendo velocidade tamanha que, em certos momentos, a impressão era a de que seus pés sequer tocavam o chão. Novas perseguições e a sensação ia se acentuando, trazendo-lhe uma leveza deliciosa e desconhecida. Até que, um dia, Asordo — vamos chamá-lo assim — olhou para o solo e percebeu que de fato não encostava na superfície, mas, pasmem!, pairava sobre ela. Logo se deu conta de que, se posicionasse o corpo em suave diagonal e abanasse os excessos nas laterais do corpo, ganhava velocidade. E altura! Ia ficando comprido, livre, ágil, inalcançável. Ao sair do estupor provocado pela experiência inédita, abaixou o olhar e percebeu que seus agressores haviam ficado para trás, já não corriam, pareciam paralisados; lá longe, e bem abaixo, o grupo boquiaberto estava em êxtase com a magia da cena. Não era para menos: o momento era histórico e os provocadores eram testemunhas partícipes — ainda que indiretamente — do pioneiro voo alçado por um ser vivo neste planeta. Vocês podem imaginar que nosso personagem bateu asas, não apenas de forma factual, mas também socialmente, sua ascensão foi meteórica. Asordo agora era inatacável, superior, lindo! Todos queriam se parecer com ele, invejavam seu poder extraordinário. Mas voar não era pra qualquer um, era preciso possuir asas! Asordo — até então um inseto virgem — passou a ser muitíssimo assediado pelas moças de sua comunidade, e até mesmo por outras de populações vizinhas. Como não era bobo nem nada, foi largando a timidez, e pra encurtar uma longa história, sendo jovem, e do gênero masculino, virou um mulherengo de estirpe. Seu comportamento não sofreu qualquer impedimento de ordem moral ou religiosa — naquela época não havia disso —, e ele saiu, portanto, espalhando genes voadores pelos quatro cantos. À primeira cria deu o nome de Charles, à segunda, Darwin. Seguiram-se dezenas de filhos de ambos os sexos, ainda que seus prenomes e características não tenham chegado a nós, com toda a riqueza de variedades. Sabe-se apenas que todos os animais voadores conhecidos hoje, com maiores ou menores variações, ocorridas em função de clima, região e outras circunstâncias, são o legado que Asordo deixou a povoar nosso vasto mundo mutante.

Por que estou contando esta história?

Esteve hóspede em minha casa um amigo de colégio, americano, eleitor do Romney (candidato republicano para a presidência dos EUA em 2012), desses que ainda se sentem ameaçados pelo comunismo: Obama é comunista, dizia, seus quatro melhores amigos também, agora irá mostrar a verdadeira face. Ultraconservador, o amigo é daqueles que, tendo um dia adotado certa postura, jamais pensarão em alterá-la, não é pessoa de questionamentos. Prático, considera que as ações só fazem sentido quando existe um objetivo claro a motivá-las. O amigo me perguntava a todo momento: por que você está estudando literatura, e por que o interesse em compreender as artes contemporâneas, e por que o curso sobre a ascensão do nazismo, e pra que serve esta caixa vazia? Por que gasta seu tempo com atividades que não vão trazer dinheiro, por que tantos assuntos que não servem para seu trabalho, pra que o dispêndio de energia inútil?

Na natureza, a produção de material inútil é uma constante. Pequenas aberrações se formam nos seres vivos por motivo nenhum e, em uma eventualidade, que poderá ou não ocorrer, aquilo que não serviu durante milhões de anos passa a ter função e ser reproduzido nas gerações futuras, porque oferece melhores condições de sobreviver às circunstâncias. Mudam as circunstâncias e novas adaptações aparecem, sempre em função de experiências que a natureza vinha fazendo "por motivo nenhum". A história de Asordo pode não ter acontecido exatamente daquela maneira, mas também não foi muito diferente: suas desprezíveis sobras laterais, ao se mostrarem úteis, foram preservadas, adaptadas, melhoradas, transmitidas. A evolução é um processo engenhoso e renovador, e só não digo criativo pra não redundar no óbvio.

Gosto de armazenar informação que não serve pra nada. Porque serve. Serve para entreter a mente, e serve pra relacionar com outros assuntos, criando uma terceira possibilidade até então escondida. Pode ser a resposta para a pergunta que você ainda não formulou. Serve para melhorar uma conversa, e para a hora do Nada, aquela em que tudo pode desaguar numa torpe monotonia, ou então, em seu verso, na plenitude. Porque é nesse instante vazio — e só nele — que os conhecimentos supérfluos entram em ação trazendo ideias luminosas. Se estiverem ali, se os tivermos cultivado, é no hiato entre dois fazeres, impulsionados pelo inútil, que destrincharemos questões insolúveis, jogando inteligência nova sobre um dia opaco.

•

O menino bom

Coliformes

Ando estranhamente interessada na questão dos esgotos, daqui e do mundo, penso neles diversas vezes ao dia. Somos 7 bilhões. Cada dia mais pessoas comem hambúrgueres, cachorros-quentes, fandangos, cheetos com refrigerantes, e outras delícias estimuladoras das ondas peristálticas. Os sistemas públicos de esgoto — do Rio de Janeiro em especial — encontram-se em estado deplorável, já que pouco interessa aos governantes fazer obras debaixo da terra. Então vamos lá: todo fim de semana o pessoal se entope de picanha, linguiça, caipirinha e Brahma. E eu me pergunto, como se comportarão os eflúvios subterrâneos numa manhã de segunda-feira em Copacabana, por exemplo, entre o café certeiro e a saída pro trabalho? E se um dia der pane no sistema, o que será do bairro? Da cidade maravilhosa? Assustada com as sinistras considerações, reuni-me com amigos sanitaristas e bombardeei-os de perguntas, não só sobre o destino do cocô (material orgânico sólido, se preferir), como também sobre o sistema de águas potáveis e pluviais da cidade.

Você sabia que Estácio de Sá, o fundador do Rio de Janeiro, morreu de flechada na luta pela água de um rio que desembocava na praia do Flamengo? Os portugueses resolveram fazer uma casa de pedra pra proteger a água que até então fora de uso exclusivo dos Tamoios. Os índios, desgostosos, desceram o morro furiosos, atacaram a casa e mandaram o Estácio pro brejo (com trocadilho, por favor). Foi nesse momento histórico que nasceu a palavra carioca, já que durante o ataque, enquanto os índios gritavam "cari-oca", que vem a ser "casa de branco", os portugueses, sem entender bulhufas de guarani, supuseram que fosse aquele o nome do rio. Não era, mas passou a ser, e ainda virou denominação pra toda a gente que nasce aqui. Já o rio Carioca, cara-pálida, acabou mesmo na mão dos lusos, tendo suas águas canalizadas para chafarizes que até hoje funcionam na praça Quinze e na Cinelândia.

Naquela época, era notória a falta de civilidade carioca. Oh! Moradores davam um berro de alerta e lançavam do alto das casas despejos que corriam pelo canto das ruas, ao ar livre, em direção ao mar. Logo as ruas passaram a ser construídas de forma abaulada para que a chuva e a sujeira se dividissem e escorressem pelas laterais (e é por isso que esses cantos passaram a ser chamados de meio-fio). Lógico que essa imundice causava um baita mau cheiro, gerava ondas de mosquitos, e, naturalmente também, provocava epidemias sem fim. Então, em 1864, foi inaugurada, com capital inglês — naquela época o Brasil era um bom negócio, o país do futuro! — e com a presença do imperador Pedro II, a terceira rede de esgotos sanitários do mundo, precedida apenas por Hamburgo (1842) e Londres (1815). Essa rede, com suas ampliações, é a mesma que funciona até hoje do centro da cidade até o bairro de São Conrado. Naqueles anos, um emissário móvel, ou seja, uma balsa, saía diariamente da Marina da Glória e despejava no meio do oceano toda a *intestinália* dos ilustres moradores da capital federal. Hoje o emissário é fixo e fica em Ipanema, enviando 540 milhões de litros de esgoto 6 quilômetros mar adentro. O restante da cidade, Barra da Tijuca, Baixada, Campo Grande, etc., não tem redes de esgoto funcionando, pois perpetuam-se em estado de execução — lenta — há anos. Os responsáveis pela *intestinália* nessas áreas são os loteadores de condomínios, que, tendo se comprometido a tratar seus detritos antes de despejá-los nos rios e lagoas, simplesmente não o fazem. Oh! Há também o problema das construções irregulares, e de favelas inteiras, cujo esgoto corre em valas abertas e caem nas redes pluviais, feitas para encaminhar água das chuvas, mas que acabam coletando e descarregando a sujeira de ligações clandestinas nos rios e na beira das praias. O problema é sério e as leis das metrópoles brasileiras são frouxas. A água limpa do planeta é pouca, e não é preciso pensar muito para concluir que água contaminada mata mais que bomba. Por isso, nos Estados Unidos, meca do capitalismo, quem cuida das águas e esgotos é o Estado. Água lá é questão de segurança nacional. Já aqui, na meca da esculhambação, fica tudo ao deus-dará.

•

Era inveja

No Brasil três coisas são indiscutivelmente democráticas. A praia, que debaixo de um único sol junta madame e funkeira vestindo o mesmo uniforme. O futebol, que une o ladrão e o padre numa imensa fraternidade. E o trânsito, que bota o Zé do Chevete e João do Jaguar lado a lado, paralisados pela mesma encrenca. Das três brasilidades, o futebol é a que mais me intriga.

Tenho um namorado que ama a bola. É pessoa cheia de virtudes, mas, se há uma constância em seu caráter, é a impontualidade. Ele não consegue, o mundo atrapalha! Menos no caso do futebol. E não falo daquele jogo no estádio com hora oficial pra começar, refiro-me à pelada, ao racha, aquele bate-bola entre amigos, que no caso aqui de casa acontece três vezes por semana. O campo é longe, uma viagem, o sol a pino, não importa. Dia do compromisso, logo cedo, o moço fica ansioso, não pode atrasar e não há imprevisto que o segure. Nesses dias meu amor é um britânico!

Sábado desses resolvi ir junto. Os companheiros de partida não gostaram, mas, muito gentis, fizeram que sim (aquilo não é lugar de mulher, eu já devia saber). Pra compensar o mal-estar, começa o jogo e explodo em palmas, assovio, e tanto faço que o dono do campo (a quem eu bajulava escancaradamente) sentiu-se na obrigação de me dedicar um gol. O embate seguiu com altos e baixos, a coisa foi aquecendo, e pimba, um golaço. Aquele chutão do meio do campo a la Roberto Carlos. As más línguas, pra derrubar o artilheiro, falaram que era momento histórico, não se repetiria, e coisa e tal. Não acreditei! Foi uma jogada de mestre, eu vi e guardarei na memória. Continua a partida, com bons momentos, outros nem tanto, uma contusão aqui, uma falta ali, um corpo caído no chão, e de repente... me bate uma estranheza e percebo que, acima da bola, das jogadas, do corre pra lá e pra cá, o que mais se via ali eram discussões, ofensas, xingamentos. E uma roubalheira de fazer corar um palmito! A coisa chegou a um ponto em que tive a certeza de que, terminado o embate, os jogadores não voltariam a se falar. Ao final, entre vitórias e desilusões, todos correram para o vestiário. Juntos. Achei estranho, mas fiquei observando e escutando, sentada do lado de fora, e devo dizer que nem na feira se fala tão alto e ao mesmo tempo quanto num banheiro cheio de homens. Estariam brigando? Não parecia. Fiquei quieta do lado de fora esperando meu namorado, que, pela demora, tomava um banho de Cleópatra. De meu ponto de vista, pude observar os rapazes que agora saíam do vestiário risonhos, limpinhos, e, para minha surpresa, íntimos como colegas de infância. Os mesmos que há pouco se juravam de morte agora se pavoneavam uns para os outros aos tapinhas nas costas. A fauna era variada, com cantores, compositores, sapateiro, editor de jornal, ator, jogador aposentado, padeiro — tudo adversário de sangue na hora da bola e amigo do peito na saída pro chope.

Cheguei a uma conclusão: na pelada não há rancor, o que se passa em campo fica no campo. E não há pudor. Todo mundo ali é craque, o vírus da imodéstia ataca democraticamente. É uma beleza! Por isso eles gostam tanto.

Fui-me embora com um buraco no espírito. O que nós mulheres temos de parecido? O shopping, o salão? Não chegam nem perto. Não pode xingar, espernear, soltar os sapos da garganta... Além do mais, num e noutro, o máximo de exercício que se faz é com a língua, na futrica da vida alheia.

Não há como negar, o brinquedo dos rapazes é muito mais divertido, e nós mulheres não temos nada que se compare. E o buraco, aquele que mencionei há pouco... era de inveja.

•

Dina Sfat

Hoje seria aniversário de Dina Sfat.

Como eu, Dina era atriz — e aí acabam nossas semelhanças. Não penso como ela, não olho a vida da mesma forma, não tenho seus questionamentos, sou toda outra. No entanto, compreendo-a, concordo com ela mesmo quando não concordo. Ela é brava e severa, e eu gosto disso. Há nela algo de frio que me é quase familiar.

Dina é esplêndida e fascinante.

Não escrevi nada do que vai aí abaixo, nem poderia tê-lo feito, isto é uma colagem de frases pinçadas da biografia escrita a quatro mãos com Mara Caballero e de entrevistas que ela deu ao longo dos anos.

Posso colocar no meu livro de crônicas uma não crônica da Dina Sfat?

Posso.

Estou sentada na cama agora. São lindas estas meninas. Elas não são muito afetuosas comigo. Cheias de desconfiança. A mãe forte que se vira sozinha não precisa de muita festa. Não farei nada para mudar isso.

*

O amor? Existe na minha imaginação. Quero um adulto, apaixonado, e livre como eu. Disponível. Não existe.

*

Meu destino é teatral: esse é o caminho. Fico forte, do meu tamanho, nem menor nem maior.

Queria fazer um espetáculo não é falando de esperança, porque a esperança é uma coisa que transfere a responsabilidade.

Hedda Gabler é uma mulher fascinante e extremamente cruel, reprimida e que passa a reprimir os outros. A gente tem horror a ela: é grossa, incômoda, mas ao mesmo tempo é fascinante, bonita, inteligente e tem senso de humor. Dá a volta completa. Fazer essa mulher me dói o pescoço.

*

O modo como fiz psicanálise desembocou numa das maiores psicanalistas do Rio de Janeiro. Ela me dizendo que eu me fiz um câncer. E eu disse para ela: mas então fizemos a quatro mãos. Como um bom crochê. Porque os últimos anos eu passei aqui, no teu consultório. Será que sou tão poderosa e tão forte, que você não detectou nestes anos todos que, enquanto nós conversávamos, eu armava esta cilada para nós duas? Porque então o meu câncer não é só meu. É meu e teu. Fizemos juntas... Somos vítimas desse mesmo câncer, do qual você, hoje, me dá direitos autorais absolutos. Eu não quero! Eu trabalho em cooperativa neste assunto!

*

Quando a gente fica gravemente doente, a primeira coisa é ter consciência de que precisamos dos outros. Em todos os níveis. E vemos as mais diferentes reações. Há os que fogem pois têm medo de contágio e não te beijam, acham que câncer pega; os que querem ajudar; os que ficam contentes com a tua doença. Quando cheguei do hospital, minha secretária eletrônica havia gravado uma gargalhada de mulher que não acabava nunca.

*

Quando cheguei na psicanálise eu ostentava um mito. Que eu era. E ela foi desmoronando esse mito. Eu quis que ela desmoronasse, eu permiti. Mas hoje bem que sinto falta desse mito. Isso me ajudava a viver para caramba.

*

Há tantos anos que eu tento ser natural e normal. Mas eu não sou, não sou. E não sou porque não sou. A minha natureza não era. Eu não fui uma pessoa da minha família. Eu sou uma desfamiliada. Eu sou um ser humano solto no espaço, e faço uma profissão que me põe ainda mais fora da nave. Eu faço a comédia das sete na novela das sete, e no entanto eu viajo... Eu viajo o destino do meu personagem e o adoto como sendo o meu destino... Só que eu não sei a cabeça do autor para onde vai... Mas no momento que ele passa para mim, já não é tão onde ele ia, já é onde eu quero conduzir... Aí isso vai para o editor, que edita isso diferente. Ferra o autor, me ferra, e cria uma outra viagem... E o público ao assistir entende diferente e vem me contar uma coisa que eu nem sei mais como é.

*

Se não tenho pares, eu que fique falando sozinha. Tenho 27 anos dessa profissão, já fui jovem, não sou mais, já fui a mulher mais sexy do Brasil, tô tranquila. É que o Brasil tem um defeito gravíssimo... que é o seguinte. Eu fiz um programa na União Soviética para o *Globo Repórter*. E o último segmento do programa era uma entrevista com Nureyev, feita aqui. A entrevista foi assim. A repórter pergunta: "Então o que é isso, fazer 50 anos?" Ele fala: "É isso, 50 anos. A gente tem um tempo de juventude... Eu passei 17 anos dançando com Margot Fontaine que foram os mais felizes da minha vida... Hoje lembro com muita saudade desse tempo. Mas sou consciente de que tenho 50 anos e deixo a Natureza agir." Ele fala isso e congelam a imagem. Aí eu pensei: é o fim da entrevista, que bonito! Mas eu me enganei, eu estava no Brasil. A entrevista continua, só que aí mostra ele dançando com 23 anos de idade, como um deus, o maior bailarino do mundo, e entra a voz da repórter dizendo: "Ele não quer reconhecer mas é evidente que deve sentir muita saudade do tempo em que tinha 23 anos de idade." Isto é o Brasil!

*

Por que você está debaixo da ponte quando ela desaba? Porque você estava simplesmente passando por debaixo da ponte. Azar o teu! Por que não você?

Eu tenho pavor de autopiedade, que é um sentimento péssimo, não é nada teatral. Autopiedade é um sentimento vagabundo. Dentro do trabalho da gente, um ator com autopiedade não comove ninguém. Você entra no sentimento das outras pessoas por outros caminhos. Se você ficar com autopiedade, chorando, chorando, chorando, as quinhentas pessoas da plateia ficam assobiando.

*

No momento em que acaba o corpo, acaba a alma... Não é que acabe dessa forma em que eles convivem aqui, e depois vão existir numa outra forma... Vira pó... Vira assombração... Vira alguma outra coisa que não me interessa. Cada dia estou menos interessada no que acontece depois da morte. Estou muito mais interessada na vida...

*

Desculpem, eu levo muito a sério a vida. Eu não sou divertida!

•

A primeira cena

Nas primeira versão de *Guerra dos sexos*, Fernanda Montenegro e eu fomos aparentadas. Vinte anos depois, na novela *Passione*, pertencíamos novamente à mesma família, interpretando sogra e nora. A primeira cena da trama a ser gravada aconteceria em um restaurante de São Paulo e se daria entre nossas personagens. Viajamos para a cidade na véspera, nos instalamos no hotel designado pela produção e, à noite, reunimo-nos com a diretora Denise Saraceni para discutir as possibilidades interpretativas e tudo de que precisaríamos para desempenhar a contento no dia seguinte. A conversa foi longe e cheia de considerações sobre a história a ser contada nos meses seguintes, o relacionamento das duas mulheres e os meandros de seus temperamentos. Ficamos mais de três horas nisso. Dormi tranquila, segura de que havíamos mapeado um bocado do que havia pela frente. Manhã seguinte, 8h, preparamos maquiagem, figurino, e, com tudo bem cuidado, rumamos para a locação. Sentamo-nos frente a frente, por mais de uma hora, enquanto a equipe resolvia suas tecnicalidades, batemos o texto, experimentamos formas que não haviam sido cogitadas na noite anterior e, por fim, gravamos. Uma, duas, três, oito, dez, doze vezes. A cena, bastante simples pra quem visse de fora, foi regravada incontáveis vezes. Lá pelas tantas, curiosa, um pouco perplexa com o inusitado da situação, perguntei a Fernanda se ela estava nervosa. E ela:

— Muitíssimo. Se eu soubesse o rumo a tomar, mas as possibilidades são *todas*, podemos fazer isso de sessenta maneiras. E é preciso escolher uma, que ainda definirá todo o caminho a seguir depois!

A maior atriz do mundo estava vulnerável à minha frente, diante de uma situação que já havia encarado e vencido centenas ou milhares de vezes ao longo da carreira. A conversa da noite servira como especulação, mas agora era diferente, o mundo aguardava, parado, por uma decisão, todo o foco naquele ponto. Com a totalidade de nossos neurônios empenhados ali, blindadas de qualquer consideração alheia ao instante, e experimentando tantas vezes quantas fossem necessárias, chegaríamos a um ponto de excelência. E só assim. A seriedade, o afinco, o envolvimento absoluto com a construção de um personagem, era isso o que se dava ali, do outro lado de uma mesa de restaurante provisoriamente transformado em cenário. Aquele flagrante de humildade me calou (para sempre). Encantada, aprendiz, foquei e fui junto. Custou, mas a cena ficou jeitosa. Eram seis da tarde!

•

Zé em dois tempos

Data: 1986
Hora: Duas da manhã.
Local: Quinto andar de um prédio em ruínas.

Estava de cabeça pra baixo jogando água nos cabelos pra retirar a gororoba que havia se colado na cena do filme *A dama do cine Shangai*. Toca o telefone (não sei como a produção conseguiu uma linha naqueles destroços) e é Adolpho Bloch. Muito excitado, ele explica que *a menina* (era como me chamava) estava sendo convocada para salvá-lo. Sônia Braga havia desistido de sua participação na novela *Corpo Santo* e eu seria sua substituta. Tentei argumentar que me encontrava comprometida com um longa-metragem, etc., mas Dr. Adolpho não quis saber: *a menina* embarcaria para Los Angeles dali a dois dias porque a equipe já a esperava na Califórnia. *A equipe*, fiquei sabendo, consistia no fotógrafo Walter Carvalho e em meu parceiro de cena, dublê de diretor, José Wilker. Um paraíba e um cearense, vixe (naquela época a gente podia pensar essas coisas sem que ninguém ficasse ofendido). Fui. Aterrissei cedo, e após uma breve conversa com Wilker saímos para a gravação, que aconteceria pelas ruas da cidade. "Mas nós temos autorizações, aqui é tudo muito regulamentado...?" "Não se preocupe, pense no que tem a fazer e nós cuidamos do resto." De fato cuidaram: antes de rodar, paramos numa deli para comprar uma garrafa de Jack Daniel's, e, como eram sete da manhã, imaginei que fosse para a cena. Era para o Zé. Essa foi a abertura dos trabalhos, e não vou contar os detalhes dos dias que passamos lá porque a censura me impede, mas o fato é que, independente de documentos ou de um plano mínimo, nós saíamos rodando por todos os cantos de Beverly Hills e redondezas, apontando a câmera pras ruas, pros bares, para astros e estrelas, e para todo canto que o Zé achasse interessante, dizendo o que o Zé achasse interessante, do jeito que o Zé achasse interessante. Waltinho gravava tudo como se não houvesse amanhã. Se alguém tropeçasse no cabo de câmera (naquela época havia cabos, e bem grossos), se alguém resolvesse processar *a equipe*, bom, "Se acontecer a *Manchete* cuidará depois". Às doze horas do primeiro dia eu havia compreendido as regras, entrei numa deli, comprei três galões de Saporo, uma cerveja japonesa que já vinha acondicionada em garrafa térmica, e aos goles ininterruptos entrei no clima. Ficamos nisso por uns dez dias. Devo admitir que, por receio, nunca assisti ao resultado das cenas, mas também não soube de qualquer reclamação por parte do público ou crítica, e tampouco do Dr. Adolpho.

Depois disso encontrei o Zé muitas vezes, algumas a trabalho, outras por aí, e, por fim, contracenamos no remake de *Gabriela*. Ele fazia meu marido, extraordinariamente, com sutileza, crueldade e humor. O público viu. Mas para mim, no íntimo, o reencontro teve mais. Zé sempre se mostrara irônico, sarcástico, duro de atravessar para enxergar dentro; ele não deixava. Agora estava diferente. Poucos são os que melhoram ao longo da vida, o Zé melhorou. Manteve o fulgor da inteligência, depurou seus conhecimentos, ampliou-os, e nunca perdeu a graça, mas sobretudo, nos últimos tempos, tornou-se afável. Era gentil, cavalheiro, e muito doce. Que alento recostar entre cenas e conversar sobre tudo. Suavizado, José Wilker havia se transformado num Homem Bom. Acho que se foi embora porque não daria pra melhorar mais.

•

Uns causos

Maria está no terceiro período da faculdade de direito. Entro no quarto de minha filha, que estuda como se valesse uma vida, e digo:

— Sinto pena de você, filhote, não tem lazer, vive com a cara enfiada nesses livros, papéis, pesquisas sem fim...

— Nada mudou, na escola eu também vivia assim, a diferença é que agora tudo é *interessante*!

Relaxei.

*

Ney Latorraca não dirige, nunca aprendeu. Fazendo par com ele numa novela, dava-lhe carona ao fim do trabalho no caminho do Projac pra Zona Sul. Numa noite de chuva forte, a Lagoa estava parada, com um trânsito de fim dos tempos. Olhei o retorno que teria que fazer para deixá-lo na porta de casa e mandei:

— Não vou dar essa volta, Ney, vai me custar quarenta minutos, tô morta...

— Mas tá chovendo!

— Pega esse jornal e bota na cabeça, em três minutos você tá em casa.

Foi a preguiça mais cara de uma vida: não tem reunião, jantar ou festa em que estejamos juntos em que Ney não conte a história, que hoje, acrescentada de mil fantasias, virou uma saga tragicômica, na qual eu, claro, figuro como vilã.

*

Gravávamos o velório de Eugênio (Mauro Mendonça), a câmera já não estava em mim, mas eu continuava fazendo a cena, e, de brincadeira, pra fazer rir, me curvei para Cleyde Yáconis, que, aos 88, interpretava a mãe do morto, e disse baixinho:

— Meus pêsames, Dona Brígida, sinto muito por seu filho, mas, pensando bem, ele era um canalha.

E Cleyde, sem perder a pose ou sair do personagem, com a cara mais compungida do mundo, uma lágrima rolando, responde:

— Não valia nada, minha filha, era um filho da puta.

Grande Cleyde querida, imensa, culta, cheia de energia. E como se não bastasse, este senso de humor!

*

Liguei para Miguel Sousa Tavares.
— O que está fazendo?
— Hoje estou lendo.
E só.
Achei bonito aquilo. Não ter que ser laborioso, "produtivo". Imaginei o amigo deitado no sofá, pernas esticadas, copo de uísque no chão, charuto a perfumar o ar, um bom livro entre as mãos.

Não vivo sem silêncio, sem pausas, sem longos momentos de privacidade. São o playground do meu espírito. Hoje, por exemplo, vou brincar. Quando cansar de fazer nada, pego um livro e faço igual o Miguel.

•

Movimento dos sem-emprego

Sou cidadã brasileira, observadora, crítica e preocupada com os caminhos do meu país. Tenho conversado com gente do campo e, como outros, também estou assustada com a mansidão do governo diante da garra apaixonada com que se move o MST. Opino aqui porque não tolero ver o meu país afundado num caos de equívocos.

O setor agrícola é dos que melhor funcionam no Brasil. Segura a onda de nossa economia deficitária como maior produtor e exportador de açúcar do mundo. Da mesma forma de suco de laranja e de café. Somos o terceiro maior produtor de carne, e este ano, em função da seca na Austrália, seremos possivelmente o maior exportador. Estamos entre os maiores produtores e exportadores de frango e soja. Os EUA e a China produzem mais, mas não exportam a soja, que, no caso do Brasil, traz divisas compensatórias das instabilidades da indústria, por exemplo. Há décadas, quando as pessoas começaram a fugir do campo pra trabalhar na cidade, a realidade era outra. Não havia do que sobreviver no campo, e, nos centros urbanos, a indústria, em princípio de expansão, precisava de braços trabalhadores. Hoje, quando uma Volkswagen demite milhares de funcionários, essa gente não é a mesma que veio da zona rural há trinta anos. É uma geração adaptada aos centros urbanos, que nunca viu uma enxada e tem horror a ela; não seriam produtivos embaixo do sol quente dia após dia caso resolvessem experimentar. Juntam-se ao MST, muitas vezes, não por ideologia e muito menos por saudade de suas raízes, mas porque, não tendo nada mais a perder, sobra-lhes a chance de, quem sabe, ganhar uma terrinha pra vender depois e fazer um troco. São os MSE, de *sem emprego*, porque a cidade vai mal! Se nos anos de Juscelino a indústria automobilística tivesse sido implantada no Nordeste, onde a natureza não favorece a atividade agrícola, teríamos evitado o êxodo para o sul, fornecido emprego a milhões com indústrias-satélites que nasceriam a reboque, e com os impostos arrecadados ali mesmo ainda se poderia ter remediado a seca. São Paulo não estaria soltando gente pelo ladrão e o emprego estaria bem dividido pelas cidades de todo o país — essas cidades com atrativos modernos de que todos queremos usufruir. Inês é morta. Mas, já que as cidades precisam desinchar, e que a alta dos juros, a indústria capenga, o modelo econômico inteiro precisam ser remodelados, consideremos aqueles indivíduos que de fato desejam voltar ao campo. O governo doa um pedaço de terra para a família do Antônio. O Antônio, que é safo e tem filhos prestativos, dispostos a acompanhá-lo, começa a produzir amendoim e abóboras em sua terra boa pro plantio. Com o resultado da colheita perfeita, no caso de as condições meteorológicas daquele ano se mostrarem benévolas, Antônio carrega seus produtos à cooperativa agrícola da cidade próxima ao seu sítio. Carrega embaixo do braço, porque nem o governo nem o MST deu a ele um trator, o que dizer um caminhão. Não há dinheiro pra fornecer a cada pequeno produtor, além da terra, o equipamento moderno de que precisa (é o que Antônio ouve sempre que reclama da falta de infra). Mas tudo bem, isso não o impediu de produzir. Então Antônio tenta vender seus produtos um pouco acima do que lhe custou a empreitada. Perplexo, descobre que seu preço é caro e está mais alto que o de mercado. Mesmo a preço de custo, não será competitivo. Depois de sucessivos malabarismos pra sobreviver com sua família no campo, Antônio vende sua propriedade e volta pra cidade, onde também não encontra o que fazer. O que fazer?

Tenho minhas críticas aos métodos de alguns movimentos sociais. Há leis aí para serem seguidas e um processo a ser conquistado, inclusive para ajudar na manutenção dos milhões já assentados que precisam de condições de sobreviver onde estão. Muito há a se fazer antes de partir pra guerra, atropelando a

Constituição e derrubando a locomotiva agrícola que puxa os demais setores do país. Ainda existem latifundiários coronelistas e isso deve acabar. Mas já são poucos. O produtor rural de hoje apenas gera a riqueza. Quem ganha o dinheiro grosso é o exportador dessa matéria-prima, o fabricante de suco, no caso da laranja, os frigoríficos, no caso da carne, e assim por diante. A maioria dos fazendeiros mal se sustenta — não são ricos, carregam o estigma apenas. E em muitos casos, se não trouxerem dinheiro de outras atividades pra dentro de suas fazendas, são obrigados a arrendá-las para usinas de açúcar, transformá-las em hotéis, ou vendê-las para aplicar no mercado financeiro, arriscando dinheiro pra fazer dinheiro. Muitos vão à falência nesse processo. Alguns, bem-sucedidos, produzem e exportam os produtos dessa terra abençoada que a natureza nos deu. Essa terra que é de todo brasileiro, mas é, sobretudo e por direito, dos que sabem cuidar dela e que, grandes ou pequenos, precisam de meios para fazê-la frutificar em benefício de toda a gente.

Todos devem ter onde morar e do que viver. Mas, por serem desfavorecidos e por qualquer outra circunstância, não estão automaticamente autorizados a praticar desmandos contra o Estado de direito para se darem bem. Eu também amo o meu país. Não sou pobre e nunca fui, mas sofro genuinamente com a pobreza do meu povo, com o descaso e com as injustiças dessa sociedade que não presta. Mas guerra é pra profissas, para os que têm fome de destruição, pros Bushs da vida, que tentam desarticular o mundo, pros loucos. Nós, da tropicália esplendorosa, por Nossa Senhora Aparecida, vamos reformar com equilíbrio e cuidar com delicadeza das farturas que Deus nos deu.

●

A droga do vício

Nunca foi tão comprido o corredor. Ficava no corpo central da casa e ligava a sala ao quarto onde o pai foi encontrado morto dois anos antes. Leonora vira o corpo machucado estendido no chão. Agora quem vivia ali era o irmão, morava sozinho na casa imensa, e, com tantos quartos, preferia dormir naquele canto macabro. Era ao encontro dele que Leonora caminhava. Há três dias procurava por Antônio — telefonemas, campainha, murros na porta, gritos, e nada. Tinha motivos de sobra pra imaginar que estivesse morto também. Ela havia escalado a parede da frente e entrado pela janela do mezanino apoiada nas costas de um amigo que preferiu ficar do lado de fora, por medo do que poderia encontrar dentro. Ao forçar a janela deparou com vinte centímetros de sujeira grudenta esparramada pelo chão. Eram restos de comida misturados com fotos de família, bitucas de cigarro, colher queimada, isqueiro, papel-alumínio, e a porcaria toda usada pra preparar o vício. Desceu à sala e foi ao encontro do corredor. Os joelhos desarticulavam-se a cada passo, arrastando chumbo pelos pés. O coração batia fora de lugar, descompassando-se entre uma omoplata e outra. E o corredor ali... imenso caminhar à sua frente. Andou. Pensou nas fotos que vira há pouco. Não eram da família propriamente, mas das mulheres da família. Havia um retrato de Consuelo, mãe deles, fotos dela mesma, e de Nina, sua filha e sobrinha de Antônio. Como é triste alguém ter de enlouquecer para relacionar-se com pessoas que o amariam mais se estivesse sóbrio e perto. Deu mais alguns passos e lembrou-se do vestido de bolinhas azuis que Consuelo escondia dentro de uma caixa de sapatos no fundo do armário. Por que fazia aquilo? Era tão bonito, e ela o havia usado apenas uma vez pra tocar piano em casa numa hora em que não chegaria ninguém. Mas Leonora chegou e viu. Viu também quando logo em seguida a mãe trocou-se e guardou o vestido no lugar estranho. Mais um passo pelo corredor e avistou uma girafa a beber água na savana — mantinha abertas as pernas da frente para alcançar a poça —, é nessas horas que são atacadas, coitadas, ficam vulneráveis assim, apesar do tamanho... Aproximava-se do quarto, e agora era a imagem do irmão que embaçava seu olhar num piscar de coisa ruim. Sai, ordenou! Empurrou-se. Faltava apenas um passo e a porta logo à frente encontrava-se escancarada. Segurou-se na parede, firmou as pernas, expirou fora o vazio que sugava seu corpo pro chão, e entrou. Antônio estava caído na cama. Torto e seminu, arfava fortemente. Não estava morto, benzadeus!

Não estava morto. Canalha!

Ia dar-lhe um chute quando de repente:

— Senhora, senhora, seu irmão acordou, está lhe chamando.

Leonora olhou em volta o quarto de hospital e fixou o olhar na cama que abrigava Antônio imobilizado, os olhos vendados.

Eram tão felizes quando crianças, o futuro ia ser perfeito... Em que ponto o destino torcera as coisas?

Dizer que o uso de narcóticos deixa as pessoas imprevisíveis é um lugar-comum equivocado pra caramba. A droga deixa as pessoas muito previsíveis — até o rumo que a vida toma na hora em que se opta por ela é previsível de dar dó —, porque há uma hora em que se faz a opção. Leonora lembrava-se das intermináveis sessões nos Narcóticos Anônimos para salvar o irmão. Os outros familiares ali com seus drogados-privé, tentando, ainda, protegê-los, pobres vítimas de um mal maior. Vítimas coisa nenhuma! O drogado quando se frustra enfia mais uma dose na veia e se joga num canto chapado. Quem sofre é o que aguenta do lado de fora, lúcido, e que por amor vai faxinando a imundice deixada pelo outro em sua dulcíssima inconsciência. Quem sofre é o que escuta um caminhão de desculpas, mentiras e agressões, e ainda assim paga o agiota, se entende com a polícia e durante anos sem fim lida com um submundo que não escolheu, porque é só o que lhe resta fazer. Coitadinho do viciado é o escambau!

— Senhora, seu irmão está agitado, quer lhe falar.

Leonora se aproximou da cama.

— Estou aqui, Antônio.

— O que aconteceu?

— Você dirigia a moto drogado, teve um acidente.

— Por que a cabeça enfaixada?

— O guidom entrou no lóbulo ocular, tiveram que arrancar fora um de seus olhos.

— Não quero mais viver.

— Então continuamos na mesma, você nunca quis.

Não é verdade que o amor seja um sentimento incondicional, há hiatos no amor. Tem horas em que a tolerância, a generosidade e as virtudes que o acompanham sucumbem às circunstâncias. Tem horas que você quer ver o seu amor morto porque seria um alívio. Esta é a verdade.

Depois o momento passa e a gente ama bonito outra vez.

Ou não.

•

Calçadão

O calçadão cheira a pipi, tem gente demais, o sol mancha a pele da atriz, mil motivos pra ficar na cama. Se estiver chovendo não vou mesmo! Abri uma fresta na cortina e espiei. Manhã clara, mar limpinho, fui. Oito da matina e as pessoas falavam furiosamente ao celular. Uma fulana de fones gesticulava e olhava o chão sem saber onde era o mar: ida e volta, mesmo assunto. Um outro, de rádio, gritava, pro mundo ouvir, palavrões, grosserias; assunto, se havia, não percebi. Gente acompanhada falando com um terceiro, o do telefone, e a companhia ali, inútil, como uma bolsa vazia. O moço na cadeira de rodas dormia (imaginei que fosse de tédio); parecia ter a vida mais encolhida pelo convívio com a tia — que, ao certo, cuidava do aleijado pra compensar a mesada merreca paga pelo pai do menino — do que pela atrofia em seu corpo. Outra cadeirante conduzia a si mesma pela calçada irregular, não queria moleza, era francesa, e não estava de brincadeira, pois exercitava corpo e mente com mais vigor do que qualquer outro naquela manhã. Seu acompanhante seguia ao lado, numa conversa intensa, sem tocá-la. Já a ciclovia estava tomada por gente sem rodas, lentos pedestres que, apesar da calçada ampla, preferiam emperrar a alegria dos ciclistas. De nada serviam buzinas para os ouvidos plugados num rap político-leviano a lhes dar a sensação de engajamento com um mundo que não queriam escutar. O rapaz de terno que chegara cedo do interior pra entrevista de emprego foi fazer hora na praia. Um pescoçudo malhava na barra com lata de cerveja *à côté*. Outros dois da mesma tribo caminhavam lado a lado: pernas abertas, braços abertos pendendo pras laterais, mas sem balançar. Um metro de distância entre eles pra mostrar que macho é macho, outro metro pra cada torso sem camisa, e a dupla formava um muro a evoluir pela calçada. Ultrapassou-os uma bichinha de passo curto, apressada, corpo bom, cabelo penteado, nem um fio fora do plano, se suava nem se via. Bicha linda! Já a moça de meião suava as tripas por dentro da legging vermelha. Tudo certo, mas por que a meia? E por que branca na perna grossa? Um hidrante de saia lápis, pensei. Caí no mar pra desanuviar e levei mó caixote. O dia seguiu aos trancos. Agora é noite. Sinto medo de dormir e sofrer pesadelos punitivos. Sou uma mulher má de pensamentos torpes.

•

O jogo ou a fome

Nunca ficou muito clara para mim a razão real pela qual o jogo foi proibido no Brasil. Dizem que a esposa do presidente Dutra, muito carola — e por influência de um cardeal, Dom Jaime Câmara —, enchia a paciência do marido para atender a Igreja, que já na época não gostava dessas coisas. (Por que a igreja implica com essas coisas, jogar é pecado? Está na bíblia? Quando minha filha joga Banco Imobiliário, que utiliza prêmios em dinheiro-fantasia, está pecando? E eu estou permitindo que ela seja induzida a um vício futuro? E desviando do tema, mas seguindo a lógica, quando almoço, estou sendo induzida à gula?)

Dizer que o jogo favorece a lavagem de dinheiro não convence. Há tantas atividades lícitas que se prestam à mesma finalidade e nem por isso o governo cuidou de baixar qualquer medida provisória impedindo negociatas nos passes de atletas, na compra e venda de pedras preciosas, no turismo, na hotelaria, e assim por diante. Considerar ainda que o jogo estimula a prostituição infantil e por isso deve ser coibido leva ao raciocínio sofístico de que se deveria desestimular o turismo nas variadas regiões do país onde estrangeiros tarados desembarcam em cascata atrás de meninas disponíveis para o sexo remunerado.

Se crimes são praticados em decorrência de outras atividades, acontecem em grande parte porque as leis são permissivas ou não são cumpridas. Só a fiscalização eficiente por parte do governo pode ajudar a acabar com esta bandalheira.

Além do mais, o governo só proíbe o jogo dos outros, suas próprias loterias e sorteios mantêm-se, semanalmente, em frenética atividade. Impedir o funcionamento de cassinos enquanto se permitem as corridas de cavalo também não dá pra entender. Sem falar na reabertura dos bingos (viva a sensatez!) — um dos poucos locais onde senhoras inofensivas ainda se sentem protegidas das violências urbanas. (Em 2010, foram proibidos de novo.)

Tempos atrás assisti na TV à entrevista de um especialista em hidrologia, diretor de um desses órgãos federais de controle das secas no Nordeste. Dizia que o polígono das secas era bem menor do que se divulga e o fazia confrontando os mapas das secas com mapas temáticos da produção agrícola na região, sugerindo que, se houvesse seca nas proporções alardeadas, não haveria agricultura produtiva e vice-versa. Ele tentava provar que a abrangência do polígono era forjada para se obter subsídios que favorecessem os interesses de políticos clientelistas da região. Não sei quanta verdade há nisso, ainda que seja incontestável que aquele pedaço do Brasil careça de um plano honesto para incluí-lo de vez no mapa do país.

Como já disse em outra ocasião, se nos anos de Juscelino a indústria automobilística tivesse sido implantada no Nordeste, e não na já próspera região de São Paulo, teríamos evitado o êxodo para o sul e teríamos fornecido emprego a milhões, com as demais indústrias que nasceriam a reboque. Com impostos arrecadados ali mesmo, ainda poderia ter-se remediado a questão da seca; os grandes centros não estariam hoje soltando gente pelo ladrão, e o emprego estaria mais bem dividido pelas cidades de todo o país.

Não há como voltar atrás, mas o mau passo serve para pensarmos o futuro de forma mais generosa.

Minha sugestão é a seguinte:

Por que não permitir a abertura do jogo no polígono das secas, criando uma Las Vegas brasileira e fixando o retirante na região? Tudo seria financiado por empresários do show business, que esperam há décadas por essa liberação. Milhares de empregos seriam gerados durante as obras de execução, e posteriormente, com o funcionamento dos cassinos, restaurantes, teatros, etc., o cidadão local se readaptaria para trabalhar nas mais diversas atividades. Las Vegas, que foi um dia apenas um deserto inóspito, hoje é dos metros quadrados mais valorizados do planeta. Com o polígono pode acontecer o mesmo, e ainda promoveríamos, mesmo que tardiamente, a dignidade do homem que ali habita. Levar a vida como bailarino ou crupiê pode ser bem mais bacana que se equilibrar na corda injusta da fome.

•

Pouco índio

Estive recentemente em terra Kayapó. Encontrei-me com o Cacique Raoni, que aos 83 anos continua forte e altivo. Ao ser perguntado se a área que habitam (do porte da Holanda) não seria de muita terra pra pouco índio, o cabra endireitou a espinha, cresceu para riba de seu metro e oitenta e cinco e explicou:

— Tem outro jeito de ver: é muita terra pra pouco índio cuidar, para o homem branco não destruir.

Sobrevoando a área, desde Sinop, no Mato Grosso, em direção à reserva ao sul do Xingu, percebemos imensos vazios com terra desmatada para extração da madeira, para o cultivo da soja e para a pecuária. Ao adentrar a reserva Kayapó, os vazios terminam e o que se vê é a floresta, a mata contínua com seus vastos rios de água limpa.

A hidrelétrica de Belo Monte, cujo projeto de engenharia é dos anos 1970, se construída hoje na totalidade, com as sete usinas previstas, teria um movimento de água 40% menor do que na ocasião em que foi concebida. Isso porque naquela época a mata estava preservada, portanto, a água que a moveria também. Hoje não, arrancou-se a mata e a água secou. A água, que movimentará a usina e produzirá energia para o país (também com 40% menos eletricidade do que outrora — isso sem falar na roubalheira, porque isso já são outros quinhentos...), virá, em grande parte, da floresta que foi mantida pelos índios Kayapós. E aquela outra terra que sobrevoei, logo ao lado desta, a terra dos brancos, continuará sendo, como já é, a responsável pela falta d'água hoje no estado de São Paulo, no Rio, e em outras partes do país. A rede pluvial é interligada, e o que se destrói lá longe falta, em seguida, aqui perto. Não custa apontar o óbvio.

E pra não dizer que não falei das flores, já que citamos Belo Monte, aproveito para tentar uns poucos esclarecimentos. Dizem que hidrelétricas produzem energia limpa, mas o que se sabe é que, na verdade, elas emitem metano em escala portentosa. Acontece por causa da floresta que precisa ser alagada, e não é só no momento inicial, mas por anos e anos seguidos, mesmo quando é retirada a floresta. A água dentro do lago forma camadas, uma mais fria no fundo e outra mais morna em cima. A água do fundo fica sem oxigênio, e tudo o que apodrece ali vira metano. Grande parte desse metano sai pelas turbinas das usinas. Por estar sob pressão, uma quantidade maior de gás é absorvida pela água e, quando esta passa pela turbina e sai para o ar volátil, com menos pressão, o gás se solta e difunde. Cada tonelada deste gás metano tem impacto 25 vezes maior sobre o efeito estufa do que teria a mesma quantidade de gás carbônico, fazendo com que o reservatório hidrelétrico aja, assim, como uma grande fábrica de metano.

Se houver investimentos em pesquisas para o uso da energia solar e eólica, como houve para a extração de petróleo e para as hidrelétricas, essas alternativas contemporâneas se tornarão baratas, eficazes e evidentes. Ninguém compreenderá, no futuro, como é que se praticava tanta inconsequência quando já se sabia de maneiras limpas e vantajosas para manter o ar respirável, as águas fluentes e potáveis, o planeta funcional e com saúde. A erva daninha é sempre a mesma, o conservadorismo: por que mudar se está tão confortável assim? Mas confortável pra quem? Até quando, cara-pálida? O preço de continuarmos agindo como fazemos há cinquenta, quarenta, trinta anos está aí, tornando as pessoas infelizes e doentes.

É bom lembrar que o tamanho das hidrelétricas construídas hoje é muito menor do que aquele necessário quando se iniciou a construção de Itaipu. Evoluiu-se porque houve estudos em busca de uma forma mais eficaz. O mundo de hoje é diferente daquele, e há técnicas modernas, inteligentes e adequadas às novas circunstâncias. Por que acham chato falar nisso?

•

Primeira impressão

Como tem chinês na China. Esse negócio de que povo de olho puxado não gosta de certos assuntos é conversa fiada. Chinês gosta tanto que o governo foi obrigado a baixar medidas pra conter a explosão populacional, contudo, não se percebe os efeitos. Algo corriqueiro como atravessar a rua, ali, torna-se uma aventura — acende o verde pra pedestre, a turba vem na sua direção, e você, leigo desavisado, se sente num jogo de *rugby* sem ter pra onde correr.

A China é um pouco menor que os Estados Unidos mas tem cinco vezes mais habitantes. Acabo de chegar de lá e fiquei pouco tempo pra tirar grandes conclusões, mas meu palpite é que muito breve essa gente obstinada vai dominar o mundo. Aquele chinês calmo, espiritualizado, e desprendido de bens materiais, não se encontra pelas ruas. O que se vê é um povo que gosta de dinheiro e não tem medo de trabalhar pra consegui-lo. Acostumaram-se a pegar no batente doze horas por dia, ralando para o Estado sem hora extra e sem reclamações, agora com a economia aberta e trabalhando em benefício próprio, quinze horas de labuta viraram um passeio no parque.

Dar presente em forma de dinheiro é considerado um hábito gentil e generoso. No Ano Novo Chinês, maior feriado nacional, o costume é trocar envelopinhos contendo uma quantia em papel. Nos casamentos, idem, deve-se presentear os noivos com o valor aproximado que caberia ao convidado caso o custo da cerimônia houvesse sido rateado. Tudo muito prático.

O enriquecimento do país é ostensivo e muito visível nas grandes cidades. A cada dois minutos nasce um arranha-céu, e Xangai, por exemplo, está cheia deles. São edificações modernas de um jeito que não há em país algum, porque, sendo futuristas, levam em conta o antigo *feng shuei*, e, sendo arrojadas, jamais deixam de lado a beleza e elegância das formas. Um arraso. Quando de noite tudo está iluminado — Las Vegas é brinquedo de criança perto da sofisticação das luzes de Xangai —, dá vontade de bater palmas.

Chinês é obcecado por grife. Nas cidades grandes as Gucci/Prada estão brotando feito mato. Também não é pra menos, se imaginarmos que há 25 anos aquele povo todo andava por ali de pijaminha azul, um idêntico ao outro, agora que podem mostrar suas diferenças, estão ávidos por fazê-lo, sobretudo quando estas passam pelo poder de compra.

Com os carros dá-se o mesmo. Num país onde antes só se andava de bicicleta, hoje há cada vez mais *Mercedes* circulando pelas ruas.

A província de Guangzhou é a mais industrializada da China. Incontáveis multinacionais estão se estabelecendo ali por encontrarem mão de obra laboriosa e barata. Curiosamente, ao contrário do que ocorre quando se estabelecem em outros países, a preocupação dos empregadores estrangeiros está em fiscalizar os operários para que não se excedam na carga horária ou no empenho com que se dedicam ao trabalho. Não fosse pela competição, que é imensa, culturalmente, o povo chinês exige demais de seus indivíduos — desde cedo pais cobram dos filhos um desempenho excepcional em todas as atividades. A pressão é massacrante, e entre as consequências está o alto índice de suicídios de adolescentes, porque estes, não raro, na hora de decidir o que vão fazer da vida preferem saltar para a morte. As estações de metrô têm portas de vidro nas laterais dos trilhos que abrem e fecham junto com as portas dos trens para impedir que jovens desesperados se atirem à chegada dos vagões. A notícia boa é que, quando se aguenta o tranco e fica-se velhinho na China, este vira um ser especial que a sociedade trata com deferência e afeto — é comovente ver nas ruas a atenção com que familiares tratam seus idosos.

Não conheci o interior do país e pretendo corrigir essa falha logo logo. Mas desta vez irei preparada, e, para tal, matriculei-me num curso de mandarim. Aprendi, na última incursão, que idiomas ocidentais não servem pra muita coisa quando se está na China. Tentar se expressar com gestos também não presta — chinês gesticula em chinês. Então, vou me esforçar com o *yion shin shon* do *putonghua*, e se não der tempo pra grandes progressos até à próxima viagem, ao menos estarei me preparando pro futuro — um mundo de olhos cada vez mais puxados.

•

Pela hora da morte

Ninguém gosta de morrer. Minha vó, que era dura na queda, foi-se aos 103 — indignada! No entanto, o túmulo de Napoleão no Invalides, o dos Kennedy nas colinas de Arlington e o Taj Mahal de Agra na Índia são dos monumentos mais visitados no mundo.

Se o apego à carne é grande, o fascínio pelas coisas da morte mobiliza desde quando pessoas começaram a falecer — desde sempre. A própria indústria da morte é um baita negócio, que gera milhões. Há setenta anos, um sujeito abriu um cemiteriozinho nos Estados Unidos. Hoje a Service Corporation International, pertencente aos filhos desse sujeito, tem mais de 2 mil cemitérios e funerárias, é a maior empresa do ramo no mundo, e a 47ª do país em volume financeiro. A SCI está à frente da Coca-Cola, da General Motors, da Ford, Microsoft, Intel e Citybank, para citar alguns nomes conhecidos.

Como será minha última morada, quem me fará companhia, com que confortos sairei da vida para entrar no desconhecido? As pessoas pensam nisso, e gente mais pobre pensa mais. Com menos disponibilidade de dinheiro e mais previdentes, têm planos pelos quais pagam uma vida inteira a fim de não passar aperto nesse momento. É bom que o façam, porque morrer está pela hora da morte e não é qualquer um que pode se dar ao luxo hoje em dia. Um enterro modesto, sem coroa de flores, sem castiçais ou sofá para atravessar a noite, não sai por menos de mil e duzentos reais nas grandes cidades. Pra quem pode, o preço chega a trinta mil. São muitas as opções de coberturas para incrementar o sundae da despedida, mas basicamente há dois tipos de sepultamento, o jazigo alugado (de que falávamos), que é provisório, e o perpétuo, que o nome explica. No caso do primeiro, passados três anos, a família tem que encontrar outro canto para alojar os ossos do falecido — se não forem transferidos no prazo, a lei permite ao cemitério jogar tudinho (que a essas alturas não é muito) no ossário público, um piscinão fundo mantido pelas prefeituras para essa finalidade. Já com o jazigo perpétuo não se corre esse risco, ele é adquirido pelas famílias para enterrar gerações de entes queridos futuro adentro. Há opções de tamanhos — P, M, e G — disponíveis no mercado, com dois, quatro e seis espaços, ao gosto do cliente, à medida da família. Sejam quantas forem, abaixo das sepulturas há prateleiras para guardar os ossos mais antigos, abrindo-se, assim, espaço para os "jovens" que vêm chegando — é inevitável.

No Rio de Janeiro, onde vivo (benzadeus), há mais de dois milhões de jazigos com seus diversos tamanhos. Mesmo assim não é fácil encontrar algum que esteja disponível para compra nos cemitérios do centro da cidade, e por isso mesmo um perpétuo pode sair por gorda quantia a quem conseguir encontrar. Recentemente, um grande proprietário de supermercados conseguiu comprar o seu no badalado cemitério São João Batista, e pagou ao dono anterior o valor de duzentos mil, uma pechincha se considerarmos os inflacionados preços do mercado. Jazigos que ficam perto dos portões de entrada são mais chiques, enquanto os do fundão, caidões, saem bem mais em conta: por módicos trinta mil o sujeito tem onde cair morto.

A indústria da morte se sofisticou nos últimos vinte anos, e de lá pra cá são muitas suas fontes de renda. Além da venda da sepultura, aluguel da capela, loja de flores e restaurante, os atuais planos de assistência funerária oferecem, junto com o sepultamento em si, todo serviço de remoção do corpo, urna, ornamentação e custeio das taxas cemiteriais e municipais. A família paga de cinco a quinze reais todo mês, mas na hora H vão catar a criatura em Fernando de Noronha, se for lá que ela deu com os burros n'água. Não é nada não é nada, pode ser a única alegria num momento de sufoco. Sem os planos, a família tem que se virar com providências de alto custo e, futuramente, ainda pagar a taxa de manutenção do cemitério, uma espécie de condomínio de uns cem reais por ano — todo ano. Há cemitérios que não cobram taxa, mas, nesses casos, muitas vezes também não mantêm coisa alguma — não fazem limpeza, não oferecem segurança. Você corre o risco de chorar seu morto com uma pistola na cabeça. Pra quem gosta de aventura...

Portanto, se você, como eu, também se sente incomodado em *organizar* certos setores da vida (?), o negócio é ir adiando a Hora o tanto quanto possível. Indefinidamente, quem sabe...

•

O menino bom

Era um dia ensolarado e sem trabalho. Tomei café, catei os jornais, fui à praia, corri com a cachorra, li as notícias, nadei mil metros, almocei em casa com uma amiga e saímos pra uma sessão da tarde. Eu, que em geral pago os gastos nessa relação, resolvi não botar a mão no bolso — nem pro táxi, nem pro filme, nem pro chá depois do filme. Voltamos pra casa e toca o telefone.

— É da casa da Maitê?
— Quem fala?
— Encontrei a carteira dela caída na rua e gostaria de devolver.
— Espera um minuto.
Vasculhei a bolsa, virei do avesso. A carteira estava faltando!
— Como você descobriu o número do telefone?
— Estava dentro de uma divisão na carteira dela. Tive que olhar pra poder devolver.
— O que mais tem dentro?
— Dois cartões de crédito, 278 reais, uma foto e papéis.
— É Maitê quem está falando. Você vai me devolver tudo isso?
— Eu gostaria, mas você pode ligar antes pra minha mãe?
— Não é você quem vai me entregar a carteira?
— É que eu sou menor, tô sozinho no apartamento e minha mãe só deixa eu dar o endereço daqui se você falar com ela primeiro.

A mãe do menino estava com medo de que aquilo fosse uma armadilha. Reconhecendo-me pela voz, acalmou-se, deu-me as coordenadas e lá fui eu atrás do último menino honesto do Brasil.

O taxista que nos levava (a amiga continuava ali, fazendo papel de amiga) lá pelas tantas não se aguentou e começou a dar palpites:

— Quem pode estar caindo numa roubada é você, hein, nunca vi disso. A gente mesmo às vezes devolve uma bolsa no correio, mas antes tira o dinheiro que tá dentro, porque, pra ficar com o funcionário do correio, melhor comigo, né? Agora esse moleque vai te entregar tudo assim de mão beijada... isso tá me cheirando a sequestro.

Era princípio de noite quando chegamos ao prédio indicado e, apesar dos prognósticos do taxista, meu sentimento era de confiança. A amiga estava tensa. E o novo integrante do nosso grupo vibrava com animação macabra:

— Vai tranquila que eu estou te olhando.

Eu havia combinado de telefonar assim que chegasse pra que o menino descesse. Ninguém atendeu. Na portaria do prédio tampouco alguém dava sinal de vida. Começava a ficar tensa quando de repente apareceu um garoto de uns 15 anos, grandalhão e tímido, com minha carteira na mão. Nervoso pela situação e por estar lidando com a moça da TV, ele havia confundido o combinado.

— Você me desculpa, tá? Toma sua carteira.

— Puxa... estou muito impressionada. Fica com o dinheiro, uma parte ao menos, pela sua honestidade.

— De jeito nenhum. Eu gosto muito de você, mas nem é por isso. É que assim é certo.

Ondas de orgulho pela raça humana! Inundada de amor, saí dali querendo ver gente. Rumei para o Fashion Rio, que acontecia na cidade, e acabei num desfile que juntava, na passarela, modelos de olhar distante a surfistas de gingado solto, e halterofilistas tensos com meninos de rua. Na plateia e nos corredores do evento, uma gente linda, uma gente fútil, e um intenso frisson a celebrar as superficialidades do momento — tudo a ver com a com o espírito da corte que a cidade maravilhosa nunca deixou de ter.

Histeria, ohs, ais, aquilo me deu vontade de fugir para o avesso daquilo e, ao me dar conta, me vi sentada nas arquibancadas do Maracanã. Era noite de decisão. Cercada pela ausência de limites que há na plebe in natura, fui me deixando integrar ao aglomerado até a perda de identidade — que descanso!, estava mais uma vez naquele dia, no lugar certo na hora certa: não há ponto mais perfeito que este campo de explosões para se contemplar e amar o homem em seu estado puro. Oh, vida esplêndida!

E, como minha gratidão a essa altura pedia comida pra seguir pulsando, e que é inverno apesar do calor, e que meus interiores finalmente solicitavam silêncio, fui jantar num restaurante suíço, e, acompanhada do meu amor (a amiga retirara-se na etapa do Maraca), comi perdiz e tomei vinho até o mundo se anestesiar.

Manhã seguinte, em paz com os contrastes da vida, enviei um presente bem bonito pro garoto correto e bom.

•

Elevador

Sai primeiro quem está dentro para em seguida entrarem as pessoas de fora no elevador. É a norma, faz parte do protocolo urbano, como liberar o lado esquerdo das escadas rolantes para os apressados, não apontar as pessoas na rua, falar baixo em ambientes reclusos, desligar o celular à hora das refeições e dentro das salas de espetáculo. Pessoas mais atentas procuram seguir estas regras de convívio. Ela fazia parte deste grupo, logo percebi, apesar de não ter aguardado minha saída do elevador para fazer sua entrada. A porta se abriu e ela adentrou num gesto automático, como quem agisse sempre desta maneira, não houve qualquer hesitação. O elevador chegara ao quarto andar, era minha vez de descer, tinha um compromisso na sala 423, então, ao abrir a porta, fiz menção de sair. Nesse pequeno movimento, uma vez que ela entrava a passos largos, nos esbarramos. Ela não recuou, não dava mais, apenas pediu desculpas, ainda que não imediatamente, tendo demorado uma fração de segundo além do natural, como se o esbarrão a despertasse de um isolamento e ela precisasse daquele instante pra entender que havia agido de forma irregular. Notei em seu rosto um quê de vergonha, um esgar muito sutil, pode não ter acontecido, mas tenho quase certeza que sim. Não estava acostumada ao descaso, a agir, ela mesma, com descaso. Mas aquele era um momento que fugia ao costume. Um tufão girava dentro de sua cabeça, era difícil interrompê-lo, segurar os pensamentos, tantos pensamentos se sobrepondo uns aos outros. A postura meio largada, com a cabeça pendendo para o chão, era a de quem não quer saber do entorno, não havia espaço para qualquer estímulo além dos que lhe vinham de dentro. Se em algum momento houve dúvida — ela preferira até então não considerar a possibilidade da doença —, agora era certo, o nódulo em seu pâncreas era do tipo que mata. A médica da sala 419 havia lhe pedido exames de sangue, uma ultrassonografia, e, com os resultados nas mãos, deu-lhe a confirmação do cancro, e a conversa. Deu-lhe conversa. Ao fechar a porta do consultório, no corredor do quarto andar, ela era uma criatura distinta da que chegara cinquenta minutos antes, toda a sua vida como havia estruturado fora atravessada por uma verdade movediça e lamacenta; tudo que era antes construção firme parecia um ridículo jogo de peças, a torre, a ponte, as paredes desmoronavam. Estava vestida com uma calça bege de alfaiataria com a camisa listrada enfiada pra dentro, um discreto cinto arrematava o conjunto sem joias. Talvez fosse editora de livros de uma grande casa editorial, um emprego mais prazeroso e rentável do que o de jornalista que praticara anteriormente. Estávamos em fim de setembro, as obras sob sua responsabilidade seriam lançadas na primeira quinzena de dezembro, este era, portanto, um período de imenso trabalho. Como interromper o andamento das coisas? Seria necessário contar a notícia (tão íntima!) a seus autores — um por um — e admitir que os abandonaria, e a seus livros, e tudo que haviam construído juntos ao longo de anos em alguns casos: ela os deixaria para tratar de si. Para tratar de não morrer. Será que ainda havia tempo pra não morrer? O nódulo, a médica o descrevera, era gordo, denso, grande. Mas, ao esbarrar em mim, penso que este pensamento já se ia desviando. Lembrava, talvez, da filha a quem prometera reiterada vezes, em tom de brincadeira — mas a sério também —, que nunca iria morrer. A menina de 14 anos não tinha avós, e os demais familiares não eram próximos, assim, ela fazia questão de assegurar à filha de que estaria sempre ali, disponível. Tinha um pai a menina, sim, um pai presente, mas já com outra família pra cuidar. Talvez ela tivesse que deixar a menina com ele durante o tratamento. O pai teria que lhe arrumar um quarto em sua casa com a outra família, mudar a rotina da outra família, que transtorno pra outra família. Mas o pior era sua súbita fragilidade, aquele defeito tão fora de hora. Ela, que odiava a mentira, seria obrigada a trair o compromisso com a filha por imposição de um corpo-armadilha. Pelo que escutara havia pouco, era possível que em breve não estivesse mais ali, provável até, se a químio não resultasse bem. Ao entrar no elevador e colidir comigo, ela estava imersa nessas profundezas, e foi por isso que se atrasou para reagir. O mundo seguia imperturbável e ela teria que continuar agindo com a cordialidade que sempre pautara seus modos. Ela se manteria gentil enquanto aprendia a morrer. "Desculpa", disse baixinho. E a porta do elevador se fechou, guilhotina.

•

Princesa do mar

Estou deitada na areia sem que ninguém me perturbe, e uma bichinha começa a se afogar escandalosamente no mar. O salva-vidas valentão sai correndo em direção às ondas. Com o afogado de pescoço caído, exangue em seus braços, nosso herói vem em direção ao grupo de colegas, que, juntas, observam consternadas. Ao sentir que chegou perto das amigas, a bicha abre os olhos, dá um salto a la Baryshnikov, e cai graciosamente em pé, fazendo mesuras de agradecimento. Ela acaba de vencer uma aposta pra atrair o bonitão. E a praia de Copacabana explode em aplausos, assovios e gargalhadas.

Moro no bairro há vinte anos. Na areia aqui da frente a frequência muda com a hora. Cedo chegam mães com seus bebês, às nove surgem os aposentados, e depois das onze é o povo da noite que arma a barraca ou, dependendo, o barraco. É a maior concentração de veado e travesti por metro quadrado de que se tem notícia. Estendo minha esteira na tranquilidade, ninguém olha pra mim, as estrelas aqui são claramente outras.

Copacabana é como ter o centro da cidade dentro da Zona Sul. Tem brechó, moldureiro, sapateiro, sebo, mercearia, tudo com jeito de antigamente. Outro dia, andando pelas ruas, senti um cheiro forte lá do passado, virei, e era um açougue. Carne hoje é vendida em supermercado e tem cheiro de bicho gelado, diferente de bicho morto há pouco, pendurado pra gente ver, como ainda existe nessas redondezas.

Da minha sala vejo um horizonte comprido e, se forçar os olhos míopes e fixar em linha reta, encontro a Namíbia, onde os negros falam alemão. Mais adiante um pouco vejo Botsuana, e acima enxergo a África toda, de onde veio o povo que misturou no daqui, resultando nesse trançado que se funde pelo calçadão.

De noite o mar forma uma rua de luz, por onde a lua caminha até a minha janela. Nem todo mundo gosta do mar escuro, e o taxista que vinha pela orla encoberta afirma: "Isso de dia é lindo, mas a essa hora é uma imensidão de Deus me livre!"

Quando é assim, de meu apartamento olho pro lado e vejo, iluminado, o hotel mais bonito do mundo. Entre nós, a piscina mais azul. Lady Di nadava nela de manhãzinha. Aqui de cima, ela lá, se esticando pra puxar a água, parecia mais alta do que quando vi pessoalmente. Na época, minha filha era bebê e tinha uma enfermeira tiete que um dia chegou em casa esbaforida porque a princesa havia se encantado com Maria a ponto de *pedir* pra pegá-la no colo — os flashes espocaram em mil fotos e eu que acreditasse, porque veria tudo dia seguinte no jornal. De fato Maria tinha ido parar no colo da princesa, e, sim, os jornais mostraram. Mas a versão mais provável do fato é que a babá deve ter arremessado minha filha no colo de Diana por não conseguir se conter diante de tanta realeza. Nada de mais, é claro, apenas uma cena de porta de hotel. Em Copacabana...

Houve tempo em que tínhamos um binóculo em casa, não sei onde foi parar e sinto saudades daquela indiscrição. Por suas lentes vi cenas memoráveis... No carnaval e em outras festas, a atividade aqui ao lado é sempre muito criativa. Pra quem precisa de ideias pra inovar no papai e mamãe, o curso é de especialização, e pra quem não precisa, é aperitivo certeiro. No primeiro Rock in Rio, as portas das varandas dos quartos ficavam abertas pra receber a brisa do mar, ou quem sabe era intencional, para os hóspedes roqueiros entreterem a plebe com seus talentos paramusicais. Funcionou. Do meu prédio, só os mortos ligaram a TV aquela semana.

Mas, de meus impulsos voyeurísticos, um superou os demais no quesito suspense. Pela janela, bato o olho na pérgula e vejo o Sting com o Raoni. Papo vai papo vem, o garçom mete um copo de coca-cola na frente do índio-guerreiro. Ele olha, mexe o copo com a mão, com o dedo, brinca com o gelo, e nada de levar o suco pra beiçola. Pois eu já tinha me sentado, levantado e estava quase descendo com sugestões... escorregue o líquido rápido, se escorrer ninguém percebe, fique de cabeça pra baixo e use o lábio superior, ou até me oferecendo pra beber o refrigerante, quando o maître se tocou e, ufa, salvou a pátria, e de um prato com guardanapo surgiu um supercanudinho! Ora, como não me ocorrera?

Copacabana é assim, cheia de surpresas. Aqui a virada do ano violento é a mais pacífica do mundo. Aqui a princesa se lixa pro protocolo. Aqui as raízes de nossa pátria trocam figurinha com o roqueiro internacional. E aqui o rapaz que trabalha na noite ao relento ainda tem graça de sobra pra se transformar de dia na maior estrela da praia.

•

Na boca da garrafa

Nenhum biquíni cavado, nenhum peito empinado, nenhuma boca entreaberta de vem cá que tô no ponto.

Cheguei há dias da República Tcheca, onde estive por uma semana viajando de carro. Lá pelas tantas, observando os cartazes publicitários de beira de estrada, me dei conta de que ressaltavam exclusivamente a qualidade dos produtos que exibiam. O outdoor do trator trazia um bonito exemplar com as características do mesmo listadas ao lado, e não havia ao volante um rapaz musculoso com gotas de suor escorrendo pelo torso nu. No cartaz dos lençóis, nenhuma moça enrolada engolindo a gente com os olhos pra ensinar feitiços que domina desde criancinha — apenas, curiosamente, o lençol mesmo. Assim também com a panela, a mesa, o carro, e tudo o mais. Aquilo foi me provocando um estranhamento, espécie de choque cultural, até que, passados alguns dias, me bateu a verdade surpreendente: existe vida publicitária dissociada do sexo — a propaganda é uma entidade independente de bundas e peitos. Era uma descoberta! E fora preciso viajar até Praga para descobrir isso. Não é que eles reneguem o sexo — ao norte do país, chegando pela Alemanha, o que mais se vê a partir da fronteira, e por uns quarenta quilômetros, são prostitutas oferecendo-se à beira da estrada —, mas não há a banalização que se observa por aqui. O aumento da prostituição é uma novidade crescente, e, se na publicidade os tchecos são recatados, no desemprego que assola todo o Leste europeu o pudor é obrigado a abrir as pernas pra fome. Uma vez que se chega a Praga, no entanto, a prática desaparece das ruas. Não sei o que se fez das moças, se exportaram todas pro restante da Europa, mas o fato é que na capital elas não estão. Aliás, Praga, gloriadeus, nunca vi tão linda. Nem

Paris! É mais concentrada e foi construída quando a Boêmia era a região mais rica e cultivada do continente. No século X, os reis irmãos, que rivalizavam pelo poder do vale onde foi erigida, ao se desentenderem, foram construindo castelos próprios com suas respectivas cidadelas. Briga deles, sorte nossa, porque hoje tudo está unificado às margens do rio Vltava, formando uma cidade esplendorosa, repleta de construções medievais e barrocas que os deuses da arquitetura mantiveram intocadas pelas guerras.

Mas como disse, passei antes pela Alemanha, e foi esta a outra surpresa feliz de minha viagem. Deparei-me com uma resplandecência inesperada. O estereótipo do alemão sisudo e mandão, herança do nazismo, sempre me pareceu uma generalização grosseira, mas havia nos anos 1980, quando visitei o país pela primeira vez, um pessimismo no ar, uma sombra que agora foi embora. O país tem seus problemas com os esforços para a unificação, mas, ao mesmo tempo, as pessoas sabem, hoje, que levam uma vida admirável — está nas caras e nas atitudes por toda parte. Nuremberg, Berlim e até Dresden estão plenas de vigor. Digo *até* Dresden porque esta, que era a cidade barroca mais bela de Europa, o rico berço da Prússia, foi quase inteiramente destruída por americanos e ingleses durante a Segunda Guerra. Não havia militares ou indústria pesada, e mesmo assim bombardeios incendiários cozinharam 50 mil civis, mulheres, crianças e refugiados até a morte (não é de hoje que as duas nações se unem para massacrar quem não os ameaça). Apesar de tudo, em Dresden também, como em todas as cidades alemãs, tudo vai se reconstruindo, e o povo é amável e disponível. Dizem que a Alemanha está encolhendo, mas o que se vê são ruas cheias de bebês risonhos. Quanto à publicidade, para voltar ao nosso tema, ali também ela não chega a ser sensual e é muito menos erotizada como a brasileira, ainda que hoje se encontrem jovens a tocarem-se pelas calçadas, a se abraçarem, deixando ver, abertamente, que apreciam o assunto.

Depois de muito andar, concluí que erotização sem medidas só mesmo em terras tupiniquins. Se somos os inventores do programa de TV erótico para crianças, os fatos falam por si.

Onde mais apresentadoras da programação infantil se vestem como se fossem soltar os bichos numa boate intergaláctica? E em que outro lugar um programa desta natureza abre as portas para grupos pseudomusicais cantarem obscenidades para crianças de colo, encostando a genitália na boquinha da garrafa?

•

The end

Do livro que eu talvez jamais publique, mas publiquei

No dia seguinte à morte de minha mãe, dormi na casa de Phoenix. Aos doze anos, ela era minha melhor amiga, e eu gostava de ir à casa dela, gostava da família, da calma, da mãe que cozinhava e tinha tempo pra crianças, e para mim quando eu estava lá. Não me lembro de como foi a noite, só de nosso encontro no velório da manhã. Eu não queria ver minha mãe morta, mas fui obrigada por minha avó, e Phoenix estava lá porque sua mãe a levara para me fazer companhia. Então, à saída do cortejo que carregava a urna para ser enterrada no cemitério de São Paulo onde já haviam enfiado meu avô dois anos antes, me escondi dentro do jipe da mãe dela e ficamos as três olhando os carros partirem. Chovia.

No dia seguinte foram me buscar na casa da amiga e me levaram pra São Paulo. Quando voltei à escola na outra semana, Phoenix não estava mais na sala, e não estava na escola. Havia se mudado para os Estados Unidos com a família. Perdi a mãe e a melhor amiga numa tacada. Nunca mais a vi, até que um dia, trinta anos mais tarde, Phoenix apareceu em minha casa no Rio, com o marido e dois filhos. Não fiquei comovida de súbito, havia muito em jogo, eu observava as diferenças. Ela era muito grande, alta, a família inteira era alta, um pouco gorda. E não era mais tão bonita apesar de estar arrumada e muito maquiada. O marido era pastor da Igreja Batista na Flórida, contou-me, e ela ancorava um programa de TV em que recebia personalidades da comunidade cristã. Os filhos pareciam de revista, lindos e fortes, eram também amáveis e sorridentes. Muitas palavras foram trocadas, mais do que eu conseguia assimilar, porque além das palavras havia tudo o que não estava sendo dito. Pelas tantas, ela começou a falar sobre a morte de minha mãe — finalmente, porque era para isso que estava ali, agora eu percebia —, e sobre sua partida misteriosa e de como se havia punido todos esses anos por não ter se despedido. Eu não compreendi o motivo de sua família tê-la levado embora sem que eu tivesse ouvido falar em viagem alguma antes da Tragédia. Com a mesma intensidade que fora frouxo o início do reencontro, ela agora se atrapalhava buscando uma explicação que eu não pedia. O marido e os filhos tentavam ampará-la sem conseguir dizer nada esclarecedor, até que minha amiga começou a ficar muito vermelha e, parecendo sufocar, caiu no meio da sala. Aquela mulher enorme. Parece que teve um fechamento de glote, e pelo que entendi não era a primeira vez, acontecera antes ao falar no assunto. Assim, do mesmo jeito barulhento e confuso que chegaram, levaram-na embora. Outra vez. Alguns anos mais tarde esbarrei com Phoenix em Manaus. Encontrava-me na Amazônia havia meses por conta de uma coprodução luso-brasileira e espanhola e ela participava de um congresso religioso. Por coincidência estávamos hospedadas no mesmo Hotel Tropical. Desta vez fui eu que não quis sua companhia, filmava uma história de época com cenas noturnas ambientadas na floresta profunda, não tinha energia sobrando para decifrar enigmas. E houve outros desdobramentos. Mas, para encurtar, quando comecei minhas incursões pela escrita, as lembranças turvas desta amiga de infância foram as primeiras a me cercar e pedir algum tipo de destrinchamento, literário que fosse.

Este livro, quando publicado há dez anos, ainda intitulado *Entre ossos e a escrita*, terminava com a crônica "Do livro que eu talvez jamais publique". O título se justificava porque eu não imaginava que fosse um dia tratar intimidades de minha família aos olhos do mundo, mantive meus porões trancados por 25 anos de vida pública até me ver obrigada, por circunstâncias alheias a minha vontade, a abrir suas portas. As circunstâncias se impuseram. Nesses dez anos, desde o primeiro *Entre ossos*, muita coisa aconteceu, inclusive a publicação de mais três livros, e a encenação de três peças de minha autoria. O primeiro romance, *Uma vida inventada*, inspirou-se de alguma forma na crônica que teve seu título negado pelo futuro. Assim como aconteceu com a peça *As meninas*. Esta, mais do que o romance, tem como protagonistas duas crianças de doze anos no velório da mãe de uma delas. Do caixão saem cinco gerações de mortas que se relacionam, brigam, discutem problemas antigos, e também conversam com as crianças, porque são crianças, ora, e para elas a morte ainda não é nada, podendo ser vivíssima e até alegre. No texto Phoenix virou Luzia, uma menina que sente inveja da dor de Rubi, por esta se encontrar no centro de algo singular. Luzia diz:

— *Rubi, eu bem que queria que minha mãe morresse só um pouquinho, pra eu ficar estranha assim como você. Você está parecendo alguém, assim, que não existe. Você parece a Bela Adormecida.*

E para a defunta:

— *Posso dizer uma coisa, tia Consuelo? Eu pensei que morto ficasse abatido, mas você está quase bonita. Eu não digo que a senhora está bonita, porque não sei se é pecado achar gente morta bonita... Desculpa estar aqui incomodando, mas é que não conheço ninguém que está aqui! Eu tenho que falar com alguém, entende? É a minha primeira vez num enterro: eu estou apavorada! Posso perguntar uma coisa? Eu não sou a melhor amiga da sua filha Rubi? Sou ou não sou? Posso fazer uma última pergunta? Depois eu prometo que te deixo descansar em paz como dizem que a gente deve fazer com os mortos. A senhora já notou que voltou dos mortos? Quando notarem que a senhora virou morta-viva, as pessoas vão gritar, não sabe? Vai ter correria. Talvez matem você de novo.*

Por aí segue, e quando a peça voltar a ser encenada você assistirá se quiser. Quanto à crônica germinal, era narrada por uma Phoenix imaginada, ou Luzia, não importa (por isso todo este preâmbulo).

E era assim:

Eu estava lá quando a menina chegou ao necrotério onde se velava o corpo de sua mãe. Vinha seguindo a avó, que abria caminho amparada por duas mulheres. Vinha só, atrás. Ninguém parecia ter coragem de aproximar-se dela, até que uma senhora com o porte altivo se colocou a sua frente interrompendo o percurso mecânico que a levava em direção ao caixão. A mulher pegou-lhe a mão, sentou-a a seu lado numa das cadeiras desconfortáveis recostadas à parede e ficaram ali se olhando. Ofélia era diretora do conservatório onde a menina tomava aulas de piano e declamação. Era também amicíssima de Consuelo, que dava aulas em eventos extracurriculares do conservatório. Mais velha, a diretora era das poucas pessoas que tinham ascendência sobre a mãe da menina, tornando-se assim uma espécie de mentora de Consuelo. De onde eu estava, percebi por trás do jeito arrogante que o rosto de Ofélia lhe traía uma tristeza funda. É provável que já viesse observando a menina havia tempos. Devia saber, por confidências trocadas com a própria Consuelo, das coisas que andavam acontecendo na casa da família, onde tudo ocorrera. Passaram-se talvez três longos minutos e, depois de olhar como quem observa a alma, a mulher perguntou:

— Você sabia que isto ia acontecer?

E a menina:

— Sabia.

Há um lugar na cabeça de toda gente onde o futuro vai sendo escrito de acordo com os acontecimentos do presente. Algumas pessoas têm acesso a esse lugar. Ofélia sabia que a menina tinha visitado, mais de uma vez, e escondida de si mesma, o futuro de sua cabeça, e que assim ela se havia preparado para o fardo que carregaria. Mais tranquila, a diretora soltou-lhe a mão e deixou que atendesse ao insistente sinal da avó para aproximar-se do caixão.

O corpo de Consuelo estava coberto por flores, deixando à mostra apenas o rosto lívido e bonito. Lembro-me de ter procurado naquele rosto algum sinal da brutalidade com que lhe fora arrancada a vida e de deparar apenas com uma morta comum, trivial como meus avós que morreram de doença de velho. Talvez fosse o fato de saber da forma como havia morrido que me impressionava e a todos que estavam lá. Se bem que o tom da pele, o aspecto de cera antiga..., algo nela parecia mais morto que em outros mortos.

Jaira pegou o braço da neta, que, imóvel, olhava no cadáver a ausência definitiva da mãe. Encostou a mão da menina na testa de Consuelo e, segurando-lhe o pulso, fez com que acariciasse diversas vezes o rosto da morta. Em seguida, tirou de algum lugar, do bolso talvez, uma inesperada tesourinha. Pegou novamente o braço da neta e ajustou-lhe o negócio na mão. Manejando-a como um fantoche, fez com que cortasse uma mecha dos cabelos da mãe. Nesse momento a menina levantou os olhos, acho que para não participar ativamente do ritual macabro, e nisso cruzou o olhar com o meu. Parou então o que estava fazendo, e sem dizer nada nem olhar para trás caminhou na direção de onde eu me encontrava acompanhada de minha mãe.

Como ela, eu também era uma menina de doze anos e só estava ali porque aquela era a melhor amiga da minha vida e eu havia sido irredutível na decisão de estar perto naquele momento. Meus pais aceitaram porque o espírito de missionários cristãos que eram os predispunha a querer fazer algo para confortar a criança que frequentava nossa casa. Deus cuidaria dos eventuais estragos em minha cabeça depois.

A menina colocou-se a meu lado e pegou na minha mão enquanto mamãe nos abraçava por trás. Não sei quanto tempo se passou até que o corpo da mãe dela começasse a ser removido para o cemitério onde seria enterrado ao lado do avô falecido um ano antes. Ela pediu que a levássemos de lá. Como não dava para contrariar a determinação de sua avó para que ficasse onde estava, minha mãe resolveu que sairíamos, ao menos, da sala funérea. Aguardaríamos o que fosse num lugar menos melancólico e mais tolerável para nós três. Escolhemos o carro. Chovia na rua, mas ali era protegido dos olhares indiscretos, que não paravam de ir em direção à menina. Quando finalmente saiu o cortejo, parecia já terem se esquecido dela, ou como não a encontrassem resolveram partir assim mesmo. De dentro do jipe de mamãe, sentadas no banco da frente, pudemos ver o caixão sendo colocado no carro fúnebre e partindo para sempre. Anos mais tarde, já adulta, ela contou-me que naquele momento uma alteração definitiva acontecia dentro de seu ser. E que não tinha força nem vontade de reagir para proteger-se do movimento desconhecido. A dor era tamanha que a imobilizava, impedindo que perdesse os sentidos — e a lucidez impunha-se como indispensável à metamorfose. Era como se no carro, com o corpo da mãe, houvesse uma engrenagem de sucção que lhe puxava as coisas por um buraco no meio do tórax, e enquanto ele ia se distanciando ela ia sendo esvaziada. E, quando o momento passou, havia outro tudo dentro dela, com pouco que reconhecesse, e cheio de buracos dentro. Os buracos ela foi completando através dos anos, alguns, nem todos — muitos continuam vazios até hoje. Ela vive ainda, sabe... Só que isso fica pra outra hora.

Então, naquele momento dentro do carro, as circunstâncias da orfandade de minha amiga me atingiam, e acho que a minha mãe também, fortes, e, confesso, de um jeito um pouco impróprio. No para-brisa do carro escorriam enormes pingos de chuva, e pelo rosto da menina passavam sentimentos de uma perda irreparável. Ela me parecia muito bela... e eu assistia cúmplice, fascinada. Mas no meu pesar havia um quê de ciúme do destino, que escolhera a ela e não a mim, para ser protagonista de algo tão exclusivo.

•

Copyright © Maitê Proença, 2015

Todos os direitos reservados. Proibida a reprodução, armazenamento ou transmissão de partes deste livro, através de quaisquer meios, sem prévia autorização por escrito.

Texto revisado segundo o novo Acordo Ortográfico da Língua Portuguesa.
Direitos exclusivos desta edição reservados pela

EDITORA RECORD LTDA.
Rua Argentina, 171 - 20921-380 - Rio de Janeiro, RJ - Tel.: 2585-2000

Capa e projeto gráfico: Cubículo
Fotos de capa: Fernando Young

CIP-BRASIL. CATALOGAÇÃO NA PUBLICAÇÃO
SINDICATO NACIONAL DOS EDITORES DE LIVROS, RJ

P957e
Proença, Maitê
Entre ossos agora / Maitê Proença. - 1. ed. - Rio de Janeiro : Record, 2015.
ISBN 978-85-01-10324-6
1. Crônica brasileira. I. Título.

15-20936   CDD: 869.98
             CDU: 821.134.3(81)-8

EDITORA AFILIADA

Impresso no Brasil
ISBN 978-85-01-10324-6
Seja um leitor preferencial Record.
Cadastre-se e receba informações sobre nossos lançamentos e nossas promoções.
Atendimento e venda direta ao leitor:
mdireto@record.com.br ou (21) 2585-2002.

Este livro foi composto em Source
Serif Pro e Sanuk e impresso em papel
Lux Cream 70g/m² na Prol Gráfica.